高校智能教育应用治理研究

艾尚乐　著

吉林出版集团股份有限公司

图书在版编目（CIP）数据

高校智能教育应用治理研究/艾尚乐著. — 长春 ：
吉林出版集团股份有限公司，2023.8
ISBN 978-7-5731-4168-2

Ⅰ. ①高… Ⅱ. ①艾… Ⅲ. ①人工智能－应用－高等
教育－研究 Ⅳ. ①G64

中国国家版本馆 CIP 数据核字（2023）第 161211 号

高校智能教育应用治理研究
GAOXIAO ZHINENG JIAOYU YINGYONG ZHILI YANJIU

著　　者	艾尚乐
责任编辑	王　平
封面设计	牧野春晖
开　　本	710mm×1000mm　1/16
字　　数	230 千
印　　张	14.25
版　　次	2024 年 1 月第 1 版
印　　次	2024 年 1 月第 1 次印刷

出版发行	吉林出版集团股份有限公司
电　　话	总编办：010-63109269
	发行部：010-63109269
印　　刷	北京银祥印刷有限公司

ISBN 978-7-5731-4168-2　　　　　　　　　　　定价：78.00 元

前　言

近年来，随着人工智能的发展，教育行业也开始应用人工智能技术，人工智能技术为高校提供了一种全新的教学方法，同时也为学生开辟了一种新的学习方式。这有助于提高学生的学习成绩，促进其全面发展。人工智能必将助推高校教育教学方式方法的变革，打造高校教育的新生态，为教师的发展赋能。以人工智能为基础展开的辅助教学系统应用研究终会得到各方的广泛重视。未来，人工智能将继续扮演重要角色，不断推动教育事业向前迈进。

本书以高校智能教育应用为主题，通过对人工智能的概念、特征、应用领域等进行阐述，为高校发展智能教育提供了理论依据。探讨智能教育在高校教育和教师发展方面的影响，为智能教育在高校中的应用提供可参考的路径和策略建议。

本书共六章内容：第一章，人工智能的认识，介绍了人工智能的概念、特征、影响、发展以及主要应用领域。第二章，人工智能与现代教育，介绍了人工智能时代的教育特征、人工智能对现代教育发展的积极意义与挑战，并阐述了与人工智能结合是现代教育发展的必然趋势。第三章，智能教育背景下的高校建设，介绍了人工智能时代的高校发展的基本问题、高校环境建设以及人才的培养和发展。第四章，智能教育与高校教师专业发展，介绍了智能教育对教师发展的影响、教学能力的标准体系，以及教师智能化教学能力的建设路径和策略。第五章，智能教育应用的风险控制，包括人工智能技术的教育风险评估与应对策略以及风险规避；第六章，智能教育技术应用与高校教学创新，为智能技术促进高校教育教学发展提供了理论依据，分析了智能技术促进高校教育教学创新的现状及特征，并提出了创新的路径模式。

本书内容结构清晰，表述清楚，从人工智能的概念入手，通过剖析人工智能对现代教育发展的积极意义，为高校智能教育的应用提供了理论基础和路径策略。

本书在写作过程中借鉴了众多专家学者的研究成果，在此表示诚挚的感谢。由于作者水平有限，书中所涉及的内容、观点难免存在疏漏与不严谨之处，敬请广大读者予以批评指正。

艾尚乐

2023 年 7 月

目 录

第一章　人工智能的认识与现代教育

第一节　人工智能的概念解读

一、人工智能的概念

"人工智能"（Artificial Intelligence，AI）一词中，"人工"不难理解，就是我们通常意义上认为的人造、仿制等。"智能"，则可以认为是智慧和能力的总称。我国古代思想家一般会把"智"和"能"看作两个相对独立的概念，如《荀子·正名篇》中说道："所以知之在人者谓之知。知有所合谓之智。智所以能之在人者谓之能。能有所合谓之能。"①其中，"智"是指进行认知活动的某些心理特点，"能"则是指在进行实际活动过程中的某些心理特点。世界著名的教育心理学家、美国哈佛大学教授加德纳（Gardner，H.）在他所提出的"多元智能理论"中表示："智能是解决某个问题或者创造某种产品的能力，前提是这个问题或者这个产品在某一程度上是有意义、有价值的。"②加德纳提出人类的智能主要有八种：语言智能、逻辑-数理智能、空间智能、运动智能、音乐智能、人际交往智能、内省智能、自然观察智能。从1956年"人工智能"一词被正式提出来之后，人们对人工智能的探索似乎一直在充满未知的道路上曲折前行。因为人工智能所涉及的领域（包括人的思维活动或者人的神经网络等相对复杂的领域）包含了生物

---

① 荀子. 荀子[M]. 徐艳华，译. 北京：北京联合出版公司，2015.
② 加德纳. 智能的结构[M]. 沈致隆，译. 北京：中国人民大学出版社，2008.

医学、神经科学、类脑智能、思维计算等多学科知识，所以到目前为止，人们还在对人工智能的定义进行探索和挖掘。

《现代汉语词典》（第 7 版）中对人工智能的定义是："计算机科学技术的一个分支，利用计算机模拟人类智力活动。"[①]贲可荣、张彦铎编著的《人工智能》（第3版）中将人工智能定义为："研究理解和模拟人类智能、智能行为及其规律的一门学科。其主要任务**是**建立智能信息处理理论，进而设计可以展现某些近似于人类智能行为的计算系统。"[②]

幸运的是，现在人类对人工智能有了初步一致的理解，认为人工智能是一门新兴的跨学科技术，主要研究和模拟人类智能的理论、方法、技术及应用系统，从而使机器代替人类实现认知、识别、分析、决策等功能，其本质是对人的意识和思想的信息过程的模拟。

二、人工智能的分类

近些年来，人工智能一直在快步发展，我们了解了人工智能发展的历程，可能更加好奇：今天的人工智能到底有多"聪明"？人工智能能发展到什么程度？什么样的人工智能会超出人类的控制范围，甚至给人类带来威胁和挑战？要回答这些问题，我们需要从技术发展程度的角度来梳理不同层级的人工智能，本书将人工智能划分为弱人工智能、强人工智能和超人工智能三个层级。

（一）弱人工智能

弱人工智能，是迄今为止人类能实现的唯一形式的人工智能。以美国

---

① 中国社会科学院语言研究所词典编辑室. 现代汉语词典（第7版）[M]. 北京：商务图书馆：2016.
② 贲可荣，张彦铎. 人工智能（第3版）[M]. 北京：清华大学出版社，2018.

麻省理工学院的研究者及其成果为代表，他们强调的是人工智能系统执行的结果，而执行过程无关紧要，研究人工智能的目的是解决困难和问题，他们将任何表现出智能行为的系统都视为人工智能的例子。比如，在围棋比赛中赢了李世石和柯洁的 AlphaGo，就是弱人工智能的一种。虽然很多人觉得 AlphaGo 很强大，但它其实只能在特定领域、既定规则中，表现出强大的智能。同样的弱人工智能还有各类会聊天的手机智能语音助手等。2022 年 ChatGPT 推出，很多人把 ChatGPT 作为生产工具，用来翻译多国语言、写诗、写故事、整理资料，甚至编写代码。ChatGPT 属于自然语言处理人工智能，能够通过学习和理解人类的语言来进行对话，但 ChatGPT 却无法跨界在围棋比赛中达到 AlphaGo 的水平，所以 ChatGPT 也是属于弱人工智能。

其实，弱人工智能并不具备思考的能力，而且其本质上也是通过统计学及拟合函数这些技术实现的，实际上并不能真正地推理问题和解决问题，同样也不会产生自己的世界观和价值观。换而言之，弱人工智能就是先教他做，他才会去做。比如，研究人员告诉弱人工智能挥手表示打招呼，那么即便在危险情况下，发出让弱人工智能打招呼的指令，它也会按照既定的指令照做。

（二）强人工智能

一般认为，强人工智能是能达到和超过人类水准的人工智能，即有能力推理、计划、解决问题、抽象思维、理解复杂概念、快速学习、从经验中学习等。强人工智能和弱人工智能的区别在于，强人工智能拥有自我意识，能够用自己的思考方式开展推理和执行任务。也就是说，这类人工智能有了一些自己的思想，能独立地思考，并且会有自己的价值观和世界观，会有生物的本能（如生存需要、安全需要，累了要休息等）。同样的挥手指令，强人工智能会自己判断挥手会不会有危险。比如，弱人工智能上面有根电线，如果没给弱人工智能写检测电线的程序，它依旧会毫不犹豫挥手；而强人工智能会自己判断，一旦挥手，就会有危险，因此它会选择在安全的范围内挥手。

对于人类来说，强人工智能的创造比想象中困难很多。目前，强人工智能更多的是出现在科幻片中，比如《复仇者联盟》系列中的奥创、《流浪地球 2》中的 MOSS 等，这些强人工智能都能够像人类一样思考，可以进行独立决策，甚至可以拥有和人类一样的感情意识。

（三）超人工智能

当我们已经身处弱人工智能包围着的世界，并且强人工智能正在通过深度学习不断逼近我们的同时，关于第三种人工智能——超人工智能的讨论则把我们的视野引向了更加遥远的未来。

很多人在提到超人工智能时，第一反应是它的运算速度非常快，就好像它仅用几分钟的时间就能思考完人类需要几十年才能思考完的问题，将其说为超人也不为过。超人工智能拥有人类的思维，有自己的世界观、价值观，会自己制定规则，而且拥有人类所拥有的本能和创造力，它具备比人类思考效率、质量高无数倍的"大脑"，懂得灵活多变，符合人类认知中对超人的所有想象。

超人工智能确实比人类的思考速度快很多，但是它与人类真正的差别在智能的质量上而不是速度上。比如，人类之所以比猩猩智能很多，真正的差别并不是思考的速度，而是人类的大脑有一些独特而复杂的认知模块，这些模块让我们能够进行复杂的语言呈现、长期规划或抽象思考等，而猩猩不具备这种能力，这也正是超人工智能进化的方向。

美国未来学家雷·库兹韦尔（Ray Kurzweil）提出了著名的"奇点理

论"。他认为，科技的发展是符合幂律分布①的，前期发展缓慢，后期越来越快，直到在某一瞬间爆发。当科技以幂律式的加速度发展时，到 2045 年，强人工智能最终会出现。

我们可以这样认为：人类花了几十年时间，只让人工智能达到了幼儿智力水平，然后，可怕的事情就出现了，在到达这个节点后的很快的时间内，人工智能能立刻推导出爱因斯坦的相对论；而在这之后很快的某个瞬间，这个强人工智能变成了超人工智能，智能水平瞬间达到了普通人类智能水平的 17 万倍，这个节点便是"奇点"。

---

① 幂律分布：指某个具有分布性质的变量，且其分布密度函数是幂函数的分布。

第二节　人工智能时代的教育特征

技术的发展对教育产生了巨大的影响，人工智能时代的教育也会有明显区别于以往教育的特征。在了解人工智能时代的教育特征之前，有必要了解人工智能时代的教育所涉及的教育理论基础。随着互联网信息和数字资源的增加，以及知识的创造、获取、发布和使用方式的变化，教育理论也处于不断的发展变化过程中。本节主要对情境学习理论、神经科学理论、类脑智能理论和复杂系统理论等四种相关理论进行介绍，并简要介绍不同理论视角下的智能教育。

一、智能教育理论基础

（一）情境学习理论

情境学习理论由美国加利福尼亚大学的让·莱夫（Jean Lave）教授和独立研究者爱丁纳·温格（Etienne Wenger）在 1990 年前后提出，他们主张学习是一个社会性、实践性的过程，知识在这个过程中是由大家共同建构的，学习的最终目的是解决特定环境中的具体问题。

莱夫和温格还提出了情境学习的三个核心的概念：实践共同体、合法的边缘性参与和学徒制。实践共同体也叫"实践社区"，是指具有明确身份和明确社会边界的群体，这个群体里的成员清楚地了解个人在群体中的定位，并对他们参与的每个活动对群体目标的达成含义具有共同的理解。合法的边缘性参与涵盖的概念较多，首先"合法的"是指实践共同体中的各方都愿意接受新来的、还不够资格的人员成为共同体中的一员；"边缘性"

是指学生开始只能围绕着重要的成员，做一些外围的工作，随着技能的不断增长，他们才会被允许做重要的工作，从而进入实践共同体的核心，学习是一个从边缘到核心不断提升的过程；"参与"则是指在实际的工作参与中学习知识，也就是在做中学，因为情境学习理论认为知识是存在于实践共同体的实践中，而不是书本中。①学徒制，就是采用师傅带徒弟的方法进行学习，学生观察教师或者专家如何解决问题，然后尝试自己解决问题的过程。其实，苏格拉底的"产婆术"和杜威的"做中学"中也早已显现出了情境学习理论的影子。情境学习理论特别强调为学生创设一个有利于其对所学知识内容进行意义建构的学习情境。信息技术，特别是虚拟现实、人工智能等技术的发展为创设自主探究的学习情境带来了更多的可能，利用技术为学生营造体验探究、社会交流和互动的学习环境比让学生进入真实的情境更为便捷。

因此，在人工智能时代，我们应该努力构建一个师生之间引导启发、共同探索的学习环境，将真实生动的学习任务"嵌入"到学生的日常生活和社会活动中，使他们能够在基于现实生活的情境中应用知识、解决问题。

（二）神经科学理论

对于神经科学来讲，脑对信息的感知、处理和整合等加工的过程就是学习。从某种意义上来看，人在学习就等同于脑在学习。神经科学理论认为，学生的大脑是一个网络系统，脑内神经元自人出生起便建立了联系，构成了相互连通的网络系统，以随时应对外界环境的刺激，这也是学习的前期准备。随着人与环境的互动增强，新知识与新信息不断涌现，学生的经验不断丰富，大脑网络得到动态伸展、重塑、修饰和调整。

---

① 程志，陈晓辉."合法的边缘性参与"视角下的移动学习设计策略[J]. 中国电化教育，2011（8）：39-43.

从神经科学和人工智能的关系上来讲，人工智能的许多进展都是根植于视觉神经科学和计算神经科学。英国计算神经科学的创始人大卫·马尔（David Marr）研究了神经元群之间存储、处理、传递信息的相关计算原理，以及对学习与记忆、视觉相关环路进行计算建模，为计算神经科学领域作出了重大贡献；米沙·佐迪克斯（Misha Zodix）等人通过构建神经元之间的突触计算模型，为神经网络信息传递奠定了计算基础。

美国心理学家安德鲁·梅尔佐夫（Andrew Meltzoff）认为："学习神经科学的建立为更好地探讨学习规律和学习机制提供了指导。"[①]比如，某次语文测验，两位学生都得了 40 分，仅从行为层面来看，成绩区别不大。但是从学习神经科学的角度来思考，一位学生可能是在语言理解上存在问题，另一位可能是在语言产生上存在困难。从这个意义上来讲，一方面学习神经科学的建立能帮助人们系统地研究不同情境下个体在不同阶段和不同领域的学习规律与学习机制。另一方面，只有深入地了解学习规律和学习机制，探讨学习优化的前提和条件、学习困难的内在机制和原因，才能科学地促进教与学的过程。同时，建立学习神经科学也促进了学习科学共同体、学习科学群的形成与发展。因此，在人工智能时代，从神经科学的角度理解学习，对于充分发挥人工智能技术的优势、促进教育跨平台发展具有重要意义。

（三）类脑智能理论

众所周知，人工智能的本质就是让计算机模拟人脑的智能行为，如信息处理、记忆、逻辑推理等。人工智能领域的一条重要发展路径是类脑智能。类脑智能是指使计算机的信息处理机制、认知行为和智力水平都与人

---

① 安德鲁·梅尔佐夫，艾莉森·高普尼克，帕特里夏·库尔. 孩子如何学习[M]. 林文韵，杨田田，译. 杭州：浙江科学技术出版社，2023.

类大脑相似。类脑智能研究的目的是通过对人脑神经结构的研究，探索如何以类脑的形式发展人类的认知能力和合作机制。类脑智能领域的科学家们认为，了解人脑的认知机制可以促进新一代算法和人工智能设备的研究，人工智能技术可以从脑科学和神经科学中得到借鉴。

类脑智能和脑科学密不可分。科学家们认为，脑科学领域的研究是突破人工智能领域技术壁垒的强大动力。在 2018 年中关村生命科学园发展论坛上，中国科学院学者张旭表示，人工智能将越来越多地与脑科学合作。脑科学与智能技术的融合对于新一代人工智能和脑智能项目的发展具有重要意义。这也是实现具有大脑和人类行为机制的新一代人工智能系统的重要保证。

"脑计划"的研究一个接一个地展开。2007 年，第一届国际类脑智能研讨会在德国举行。2013 年，美国启动了"BRAIN 计划"，该计划试图描绘人类大脑神经活动的准确而详细的地图。2014 年，日本启动的大脑计划从灵长类动物开始，研究人类神经机制的缺陷，为人类疾病的治疗提供基础。2016 年，澳大利亚大脑联盟从健康、医疗和新产业的角度对大脑和机制行为进行了研究。2017 年，脑科学和脑型研究被纳入我国新一代人工智能发展计划的重点研究计划。已有 9 年历史、价值数十亿美元的美国神经科学项目 BRIAIN Initiative 于 2022 年 9 月 22 日宣布了其最雄心勃勃的挑战：绘制世界上最全面的人脑细胞图谱。

许多学校和企业也以"脑计划"为载体，对人脑项目进行了实践研究。2011 年，谷歌的大脑项目在识别大脑中的图像方面取得了新的突破，如通过深度神经网络处理信息。2014 年，高通公司开发了嵌入式神经网络处理器，该处理器通过学习移动应用程序在促进机器学习和行为方面发挥了一定作用。2018 年，四川大学牵头承担的国家重点研发计划项目"西南地区慢病防控科技综合示范研究"和"血管性认知障碍的发病机制及干预研究"

举行了启动仪式。微软、IBM、苹果等多家公司和机构也进行了相关研究。麻省理工学院、洛桑联邦理工学院、中国科学院、清华大学、北京大学、上海交通大学和厦门大学也设立了相应的大脑研究中心。

（四）复杂系统理论

复杂系统理论描述了 21 世纪科学研究的广阔前景，也为智能教育的研究提供了新的视角和突破理论本身局限性的可能性。例如，使用复杂科学解释机器学习识别模式，模式生成的基本假设将影响机器学习方法的使用。虚拟现实、机器人和 3D 打印技术使数据转换、存储和处理在数字世界与现实世界的转换得以实现，促进了教育的转型升级，形成了一个更加复杂的数字化、智能化、一体化的新型教育生态系统。

人工智能时代的教育是一个复杂的系统，必须利用科学的复杂性来解决智能教育系统的复杂性问题。智能教育系统的复杂性主要体现在三个方面：教育系统规模和要素的复杂性、教育技术系统层次的复杂性、合理性和非合理性的复杂性。

二、智能教育典型特征

2019 年 5 月，在国际人工智能与教育大会上，联合国教科文组织"教育的未来"国际委员会成员、著名经济学家林毅夫强调：面对第四次工业革命，人工智能、数字革命会给每个国家和社会提供很多新的机会，年轻人应当具备掌握新机会的能力，教育的内容也必须有所针对。[①]

目前，随着人工智能、大数据、区块链等新一代信息技术的发展和应

---

① 柴如瑾. 人工智能时代，教育什么样？[N/OL]. 北京：光明日报，2020[2023-06-12]. https://baijiahao.baidu.com/s?id=1686114298846009078&wfr=spider&for=pc.

用，知识的获取方式和教学形式发生了深刻的变化。那么，在人工智能时代，教育将发生什么样的变化？未来教育的特征是什么？

从生态学的角度来看，智能教育是一种以技术为驱动的和谐教育信息生态，其主要特征可以概括为：深度融合的精准教学、无处不在的泛在学习、精准高效的学校管理和科学准确的教育评价。

（一）深度融合的精准教学

人工智能技术以其智能化的属性优势在三个方面为精准教学提供支持：智能数据采集、智能数据分析和智能学习适配。智能数据采集是指利用图像识别和语音识别等技术收集学生学习行为的数据。智能数据分析是指通过自然语言处理技术和 SMART 算法，对采集到的数据进行深度提取、行为建模和智能分析，形成个性化的个人成长报告。智能学习适配是指结合自适应学习分析技术，为每个学生的数千张画像制订了数以万计的学习计划（如设定学习目标、学习路径、学习内容等）。

与此同时，可视化技术也为精准教学提供了支持，可视化技术具有直观性、相关性、艺术性和交互性等特点，为教师在教学过程中进行数据处理带来了方便。例如，教师在获取和分析学生学习行为数据后，借助智能可视化工具自动生成散射图、气泡图和雷达图。通过将数据转换为可视化图形，如矩形、树形图，教师能更好地找到数据之间的相关性，便于教师从视觉图表中发现教与学的隐藏问题，及时作出决策。

（二）无处不在的泛在学习

泛在学习又名无缝学习、无处不在的学习，是指每时每刻的沟通、无处不在的学习，是一种任何人可以在任何地方、任何时刻获取所需的任何信息的方式。泛在学习的广泛发展需要基于人工智能时代的技术手段，如物联网、教育云、大数据、人工智能、区块链等。泛在学习具有以下特点：学习成果的永久保存、学习材料的获取便捷、与教师和同伴的互动多、个性化学习、实时访问信息系统等。

随着人工智能时代的到来，泛在学习不断利用现代信息技术推动教学的改革与发展，而技术的发展也促进了泛在学习的普及。物联网的智能控制允许远程感知和控制所有对象，它可以对泛在学习过程中的各个要素进行跟踪和控制，为泛在学习提供保障。教育云平台为学生、教师、学校管理者、教育管理者提供了进行学习、教学、管理、培训等一系列活动的空间，能够更好地支持学生的泛在学习需求。同样，大数据技术通过其大容量、高速度、多样性的特点，在泛在学习中发挥了重要作用。

（三）精准高效的学校管理

人工智能等技术能帮助学校管理者更加精准高效地管理学校，如学校管理者可以充分利用人工智能技术与大数据技术对教师教学、学生学习的各项数据进行采集和分析，以更加深入地了解教师的教学情况和学生的学习情况，并对薄弱项制订针对性的管理措施。

（四）科学准确的教育评价

基于大数据的教育评价，可以结合学生的历史数据，如作业测试结果、学习风格、个性特征、兴趣等，通过物联网技术，运用大数据挖掘技术和智能决策可视化技术，建立学生认知发展、学业发展和社会发展的计算模型，建立一系列决策预警分析模型，根据不同的区域和群体特征建立不同的学习特征模型。这些模型不仅可以描述学生当前的发展状况，展示学生在一定时期内各个方面的发展状况，还可以模拟学生未来的发展状况，以便教师采取有效措施。可以自动记录和存储学生学习过程，进行智能诊断和自动及时反馈。可以进行大规模、标准化和个性化的分析，不仅可以为个人提供有针对性的学习过程报告，提出有针对性的建议，帮助实现个性化学习，还支持科学管理和决策，尽快发现区域性和群体性问题，通过模拟演绎，预测未来发展情况，帮助教育管理者作出科学决策，进而提高教育质量。

第三节　人工智能对现代教育发展的积极意义

一、人工智能促进教学资源与教学环境的创新发展

技术对教育教学所产生的影响，在很大程度上是转化为工具、媒体或者环境来实现的。人工智能本身不能促进教学变革，但是其是一种增能、使能和赋能的技术，可以将它转变为媒体或工具以在教育教学中发挥功效。人工智能时代的教师，需要具有利用智能化教学工具和智能化教学环境进行有效教育教学和创新教育教学的意识与能力。

（一）教学工具的改变

1. 智能教学平台

随着"互联网＋"时代的到来，人工智能的快速发展，众多开放式、智能化教学平台如雨后春笋般不断涌现，比如雨课堂、句酷批改网、麦可思智能助教等。这些平台的功能不断完善，集智能备课、精准教学、师生互动、测评分析、课后辅导等功能为一体。目前智能化教学平台各式各样，有综合性的智能化教学平台，也有专门针对某一学科的智能化教学平台。为进一步推进教学模式和教学手段改革，提升教学质量，越来越多的智能教学平台被广泛应用，用于解决传统课堂抬头率低、互动性不高等问题，得到了广大师生和家长的认同。

智能教学平台是基于计算智能技术、学习分析技术、数据挖掘技术以及机器学习等技术，为教师和学生提供个性化教与学的教学系统①。其主要

---

① 王运武，张尧，彭梓涵，等. 教育人工智能：让未来的教育真正拥有"智慧"[J]. 中国医学教育技术，2018（2）：117-125.

的特点是运用人工智能技术智能分析学习者的所学内容，构建学习者知识图谱，为学习者提供个性化的学习内容以及学习方案；支持自适应学习，实现学习内容的智能化推荐。智能化教学平台的特征主要体现在以下几个方面。

（1）高效性。高效性是智能化教学平台的一个显著特征。从课前、课中到课后，通过智能化教学平台进行教学相比传统教学，在各个环节上都更加高效，教学过程更加流畅，教学互动更加深入及时，教学效果更加明显。课前教师通过智能化教学平台进行备课，可与全国各地教师实时共享教案，吸收其先进的教学理念、学习其先进的教学方法。通过教学平台将课前预习资料推送至学习者的个人学习空间，并与学生进行及时互动交流，及时调整完善教学设计。课中，可通过各种移动终端连接教学平台与教师实时互动，教师可以"一对多"的解决不同学生的问题，让每一位学生都参与到课堂交流中，真正将课堂还给学生。课下，学生可以在平台上完成作业，还可以与学习共同体完成思维碰撞，由平台完成作业批改，给学生实时反馈，大大提高课后辅导的效率。

（2）个性化。现代的教育模式是"标准化教学＋标准化考试"，"流水线"上培养的人才是没有竞争力的，比起向学生传授可能被机器人取代的单纯技术，更应该尝试去培养机器人所不能代替的创新创造能力等。这意味着教育的导向要从标准化转向非标准化。智能化教学平台通过采集到的海量数据和先进算法，根据学生的学习能力、对学习内容的掌握以及努力程度等，为每个学生提供不同的预习资料、布置不同难度的作业（如对学习内容掌握好的学生可以布置一些创新性的、需要发挥创造力的作业。对学习内容掌握一般的学生就布置一些基础性作业），并且课程内容会随着学生学习的进步情况动态调整，略过学生已经掌握的知识点，强化学生薄弱环节，从而真正实现因材施教、实现个性化难度的自适应学习。

除了教学的非标准化，面向人工智能时代的教育改革还包括考试的非标准化。教师有时难以把握考试出题的难易程度，而且针对所有学生都是一套试卷，对学习基础较差的学生来说，每次成绩的分数都偏低不免打压学习的积极性。个性化教学应该为不同的学生准备不同的考试试卷，并且不同的试卷并不会增加教师的工作强度。通过智能化教学平台，根据每个学生的学习记录智能组卷，还可以通过机器批改，自动生成教学评估报表，个性化评价学生的进步与不足，指导学生的努力方向。

（3）数据驱动。智能化教学平台可以采集到海量数据。例如，通过签到可以一目了然的看到学生的出勤情况；通过测试题，一方面可以看出教师出题的行为，包括教师的发布时间、是否做过修改，另一方面，还可以看出学生答题行为，包括做了多少题，正确率是多少；通过课堂上教师在智能化教学平台上记录学生的表现，为评价学生提供可量化的参考。

智能化教学平台还能起到行为监测作用，进行对比分析。如可以跟踪高考成绩不同、家庭环境不同的学生学习行为，与系统的数据模型进行比对，分析行为差异。从教师角度可以分析不同教龄、不同学历的教师，对教学过程的把控、教学效果等方面有何不同。

对教学评价中评分较高的教师，可以深入剖析他的教学过程具体好在哪里。同样对于成绩较差的学生，通过学习数据可以找到他是何时开始松懈，是自始至终都不愿意学习，还是在学习过程中遇到困难产生了退缩情绪，清楚掌握学习者的学习态度于何时发生了变化。并且可以观察学习者在接收到学习预警后有无变化。

（4）虚实交融。智能化教学平台将虚拟和现实连接起来，促进学习者将学习与实践相结合。随着人工智能的发展，虚拟现实技术更加"智能"。通过人工智能可以提高虚拟空间的效果，带来更佳的用户体验。①虚拟教师，中国传统教育常常忽视"提出问题"或"发现问题"。面向未来的教学，虚拟教师要主动提出好问题，以激发学生思考的热情，积极主动探索问题的答案，并且通过问题要教会学生如何批判地看待世界。此外，更重要的是虚拟教师要教学生如何提出问题，培养学生面向未来提问的习惯和能力。②虚拟学习伙伴，虚拟学习伙伴可以与学生协作完成学习任务。虚拟学习伙伴可以通过故意提出错误的理解，激发学习成员的讨论。也可对成员讨论的结果做总结性概括。借助人工智能为学习者构建虚实相融的学习环境，学习者在虚拟融合的环境中可以进行更加个性化、沉浸式以及趣味化的学习①。通过个性化定制虚拟学伴形象，辅助学习者学习，让学习者集中注意力，在规定的时间完成学习任务，优化学习过程。虚拟学伴在学习者完成学习任务时给予点赞，未完成时给予监督鼓励，让学习者感受到人文关怀，积极、主动地去完成任务，不需要在老师和家长的压力和要求下被动的学习。

2．智能化学习软件

随着万物互联的实现，人工智能时代的信息变化速度会比互联网时代更快。因此，善于运用学习工具，如在线互动协作工具、信息检索工具、翻译工具等，可能会帮助学习者在学习过程中达到事半功倍的学习效果。

有效的学习工具可以促进学习者主动学习。例如，在进行英语写作练习时就可以利用英语学习软件，自发组建英语学习小组，就感兴趣的话题展开讨论，写成文字报告，机器批改、同伴互改，学习方式互动性强，好友 PK、成绩排行等可以提高学习者英语写作的积极性。随着图像识别技术、语音识别技术的发展，越来越多的拍照搜题类和语音测评类的个性化学习工具被应用于教育领域，成为辅助中小学生课外学习的好帮手。例如，猿搜题、学霸君、百度作业帮等，这些软件都运用智能图像识别技术，学生

---

① 杨现民，赵鑫硕，陈世超."互联网＋"时代数字教育资源的建设与发展[J]. 中国电化教育，2017（10）：51-59.

在遇到难题时，通过手机拍照上传，软件在短时间内就可以给出答案和解题思路，而且这些软件不仅可以识别机打题目，对手写题目的识别正确率也越来越高，在很大程度上提高了学生的学习效率。

这些学习软件作为学生学习的帮手，解决了传统教育环境下辅导机构价格高，优质家教资源少的困境，可以及时辅助学生学习，让学生做作业的过程变的更加轻松，从而让学生更加主动积极地去完成作业，进而促进学生的学习。

（二）教学资源的优化

传统教学资源无法满足学习者个性化学习需求，难以促进教学方式的转变。人工智能应用于教学将有助于改善现有不足，研究探讨人工智能在支持智能进化教学资源、智能推送教学资源及智能检索教学资源方面所发挥的功效，希望能够满足学习者泛在获取个性化资源的需求，为教学资源的智能化升级改造提供一定指导。

1. 智能进化教学资源

教学资源处在一个动态的生态系统之中，具有物种产生、发展、流通、竞争、成熟、消亡的一般过程，遵循优胜劣汰的法则。

对于优质资源的良性循环、劣质资源的智能识别与淘汰、同主题资源的智能汇聚与选拔等依旧是教学资源进化所面临的重大研究课题。资源进化需要更强的进化动力、更完善的进化保障机制和更适合的进化技术支撑。教学资源智能进化的目标是实现教学资源的不断自我更新、不断成熟发展、不断适应学习者的学习需求。

2. 智能推送教学资源

随着万物互联的实现，信息和知识的更新速度加快，如何使优质、个性化的教学资源在短时间内被用户获取，资源推送不失为一种好的方法，是有效解决学习资源海量增长与学习者信息处理能力有限之间矛盾的有效措施之一。一些互联网公司已经实现商业上的个性化推送，如滴滴打车可以做到根据用户的位置、目的地等推送合适的司机。淘宝、亚马逊等电商可以做到根据用户的浏览和购买行为进行追踪分析，实现个性化推荐商品。而资源推送在教育领域也不是新的概念，许多在线学习平台已经具备资源推送的功能。

传统的推送方式主要采用电子邮件推送、用户订阅、发送链接，没有实现个性化、智能化的推送目标。此外传统教学，学生可能做 100 道题，教师才可能发现学生知识点欠缺的地方。在教育领域中要想实现教学资源的个性化匹配，应考虑学习过程的复杂性，对于任何一个学习者，不论当前处于怎样的学习状态，其下一步要学习什么，怎么学，达到怎样的程度，这些都是需要综合判断和测量的。面对这些复杂的教学问题，要基于对学生特征的测量和量化描述，最终推送适合学习者的学习内容。

3．智能检索教学资源

人工智能的出现使得搜索引擎突破传统的网页排序算法，进化到由计算机在大数据的基础上通过复杂的迭代过程自我学习最终确定网页排名。早期的网页排序算法是通过找出所有影响网页排序结果的因子，然后依据每个因子对结果排序的重要程度，用一个复杂的、人为定义的数学公式将所有因子串联起来，计算出结果页面中最终的排名位置。当前搜索引擎所使用的网页排序算法主要依赖于深度学习技术，其中网页排序中的数学模型及数学模型中的参数不在是人为预先定义的，而是计算机在大数据的基础上，通过迭代过程自动学习的。影响排序结果的每个因子的重要程度是由人工智能算法通过自我学习确定的，使得搜索结果的相关度和准确度得到大幅提升。

近年来，通过人工智能在自然语言理解、语言识别、网页排序、个性化推荐等取得的进步，百度、谷歌等主流搜索引擎正在从简单的网页搜索工具转变为个人的知识引擎和学习助理，可以说人工智能让搜索引擎越来越"聪明"了。搜索引擎的优化，让学习者精确找到所需资源，再也不会在知识的海洋中忍受饥渴，其对教与学的支持主要表现在以下两个方面：①检索交互多样化：智能化搜索引擎可提供多种检索模式，如快捷检索导航、文本信息检索、语音检索、个性化定制导航等，为不同文化背景的资源需求者提供便利。②检索结果个性化：根据个人信息登录的搜索引擎记录，对检索记录进行数据挖掘、动态语义聚合成个人知识引擎，根据学习者的爱好、搜索习惯等个性化提供资源类型（文本、图片、视频、音频等），有助于提升学习者的学习兴趣、开展自主学习，满足学习者的个性化需求，最大限度地避免网络迷航。

（三）智能化教学环境

教学环境的发展是促进教学变革的基础。新一代的学习者对教学环境的建设提出了更高的要求，如智能感知学习者需求、个性化提供学习服务等。为满足学习者对教学环境的诉求，智能教学环境成为当代教育环境发展的必然趋势。环境是智能的，学校是智慧的，要借助于智能化教学环境培养智慧的人。

教学环境是影响学习者学习的外部环境，是促进学习者主动建构知识意义和促进能力生成的外部条件。随着技术的发展，教学环境也在不断优化。从早期的留声机，到无线广播应用于远程教学、扩大教学规模，再到电视机支持电视教学，录像机成为视听学习源泉等，再到现代的多媒体计算机、网络，这些技术都在教学中发挥过举足轻重的作用，对教学环境的发展具有积极的推动作用。数字化教学环境下的学生的学习场所仍比较固定——教室，学生获取知识的来源也比较单一，主要是教师讲授，教师为教学主导，忽略了学生学习的主体地位，以灌溉式完成教学任务，没有很好的指导学生形成勇于探索和批判的创新精神。

智慧学习环境的技术特征包括：记录学习过程、识别学习情境、感知学习物理环境、联接学习社群，促进轻松、投入和有效的学习。智慧教育环境应该具有连通、感知、交互、适配、记录、整合六大特征。从人工智能对学习环境的支持视角出发，智能化教学环境的特征可以概括为：感知化、泛在化、个性化、开放性。

（1）感知化。智能感知是智能化教学环境的基本特征。在人工智能与各种嵌入式设备、传感器的支持下，对教学环境进行物理感知、情境感知和社会感知。物理感知主要是指对教学活动的位置信息和环境信息进行智能感知，如温度、湿度和灯光等，为学生提供温馨舒适的学习环境；情境感知是从物理环境中获取教学情境信息，识别所需的各种原始数据，从而构建出情境模型、学习者模型、活动模型和领域知识模型，为教学活动的开展推送教学资源、联接学习伙伴等；社会感知包括感知学习者与教育者的社会关系，感知不同学习者的学习与交往需求等。

（2）泛在化。智能化教学环境应该是一种泛在的教学环境，能够支持教学共同体随时随地以任何方式进行无缝的教学、学习与管理，同时为其提供无处不在的教学支持服务。泛在教学环境不是以某个个体（如教师）为核心的运转，而是点到点的、平面化的学习互联"泛在"。目前，教学资源都是以文本、视频、音频、动画、图片等数字化形式存在，利用人工智能可将教学资源数据化，通过将音频转换为文字，将文字内容智能识别，可以提升信息的传播速度、提高教学资源共享率。而且可以根据不同学生的学习风格自动转换学习资源类型，帮助学习者获得良好的学习体验。

（3）个性化。在大数据、学习分析、数据挖掘等技术的支持下，为教师和学生提供个性化的教学环境是教学环境发展的重要方向。智能化教学环境通过感知物理位置和环境信息、记录教师和学生教学与学习过程中形成的认知风格、知识背景和个性偏好，从而为其提供个性化的教学资源、工具和服务。

（4）开放性。利用人工智能打造一种云端学习环境，为学习者提供开放的、可随时访问的、促进学生深入参与的学习环境，支持开放学校、开放教师、开放学分、开放教学内容，支持全球课堂的发展。云端学习环境下，学习者不再是系统地听教师的知识传授，因为知识在家里也可获取，在这种环境下重要的在于交流，学习环境由原来的知识场变为行为场、交流场、激发场。通过局部小环境的变化带来学校环境的整体变化。正如美国斯坦福大学的新型教育模式"斯坦福2025项目"所指出的，教育不是去教授，而是为学生创造新型的学习环境。

二、人工智能促进教学评价与教学管理创新发展

教学变革包括教学评价与教学管理变革，应采取与新型教学方式相匹配的教学评价方式和教学管理手段，监控教学过程和质量。技术的发展和教学环境的优化创新，使得教与学的过程数据越来越丰富，教育工作者要利用大数据、学习分析等技术对教学数据进行充分挖掘、深入分析，实现教学评价与教学管理自动化、智能化和科学化。

（一）智能测评

现代教育制度是工业革命时代形成的，工业社会盛行大规模标准化生产，与其配套的教育模式也是大规模标准化培养。工业时代的教育模式是

"标准化教学＋标准化考试"，标准化考核、确定性知识成为教学和考试的重点，也是评价学生的唯一依据，而需要深层次思考讨论的非标准化的内容被回避了。

随着信息技术的快速发展，评价手段也愈发趋于自动化和智能化，如客观题可直接由计算机自动批改并进行数据分析，主观题（口语题、数学题、作文题）可由人工智能系统进行评价和批阅。利用技术辅助教学评价，不仅节省了人工评价成本，而且还大大提高了评价反馈的及时性和准确性，进而提高教师教的效率与学生学的效率。

在图像识别技术、自然语言处理、智能语音交互等人工智能技术的推动下，智能教学测评走向现实。智能测评是通过自动化的方式评估学习者的发展，自动化是指由机器承担一些人类负责的工作，包括体力劳动、脑力劳动等。通过人工智能可对数字化处理过的教学过程、教学数据进行测评与分析，在教学领域已经初步应用。一是利用语音识别进行语言类智能测评，这类语音测评软件能够根据学习者的发音进行打分，并指出发音不确定的地方。二是利用自然语言理解和数据分析技术对学情智能评测，跟踪学生学习过程、进行数据统计，分析学生在知识储备、能力水平和学习需求的个性化特点，帮助学习者与教师获得真实有效的改进数据。

智能测评具有以下特征。

1．评价结果科学化

传统的学习评价多是在阶段性学习后进行的测评，像期中考试、期末考试等，仅仅通过考试去评价学生记忆了多少知识是片面的，不能对学习者的学习起到促进作用。科学评价应实事求是，尽量减少教师的个人主观因素对评价结果的影响。智能测评通过技术的支持，对每个学习者建模，结合知识图谱和智能算法，使每个学生都能及时得到评价反馈，更加关注学习者整体、全面的发展，将评价贯穿于教学活动的始终。学习者可以根据智能测评结果去反思自我，获得努力方向。

2. 评价反馈及时化

（1）语言测评及时反馈。在语言学习过程中，传统语言学习主要是以跟读为主，而有时教师发音也可能不标准，学生模仿教师进行发音，也无法具体判定发音是否标准，语言学习的评价存在滞后性。随着语音识别技术的发展，系统能够听懂学习者的声音，学习者可以反复听读，系统可以实现逐句打分，根据发音、流利度来实现机器对学习者发音的纠错与反馈。通过机器反馈，及时为学习者进行纠错，这极有助于学习者进行自主学习和练习，使其在语言学习时敢于大胆张口，不用完全依靠教师，在学习内容、学习方式、学习时间上更加自主。

（2）学情测评及时反馈。在传统教学的过程中，教师批改作业费时费力，学生交上的作业、试卷往往最快也需要到第二天才能得到反馈，而且教师批阅的成绩分析往往只停留在分数层面上，难以进行深层次的分析，无法实现对学生学习的个性化指导。而学习者往往在刚做完作业、试卷时，对自己未能掌握的知识点印象最深，若此时能够将学习者欠缺的知识点呈现给学生，学习者必将印象深刻，取得较好的学习效果。智能测评通过机器批阅作业，及时给予学生反馈，并可以给出学习指导，从而激发学习积极性。

（二）教学管理的创新

随着信息化的发展，我国教育管理已经取得有目共睹的成绩，如建立了教育管理公共服务平台、建立了教育管理信息化标准体系，全国领域正逐渐形成自下而上的教育数据采集和管理机制。近年来，通过数字校园、智慧校园的建设，企业与学校共同开发了各类教育管理系统，简化了办事流程，提升了管理效率。

1．教学决策科学化

教育管理的核心主要有两大部分，第一是搜集信息，第二是做出决策。搜集信息对于一般人来说，在同一时间能够处理的数据是有限的，而机器却能够高速获取和存储这些数据。第二部分，管理者凭借经验和知识积累灵活处理少量问题的能力比较强，但传统依靠少数领导者个人智慧的管理模式将会过时，随着人工智能技术的发展，由机器解决相关问题变为可能。

宏观国家层，可通过数据可视化和数据挖掘技术实现管理决策的科学化和信息化。一方面，通过人工神经网络支持的"指数增长预测法"模型，可预测未来每年的学生数量、生均教育经费、教育经费需求的数值，合理科学划拨教育经费、智慧调度教育资源，推动教育事业持续健康发展。另一方面，2017 年，国务院印发的《新一代人工智能发展规划》中指出，完善人工智能领域学科布局，设立人工智能专业。这是在人工智能技术迎来突破时期，国家教育层面积极响应培育智能学科人才。未来通过人工智能数据挖掘从教育行业提取数据，结合市场人才供求、教育动态等，可以帮助教育决策者合理设立或取消一些学科，促使教育所培养的都是社会需求人才。

中观学校层，不同类型的学校可以根据各自学校特色制定相应的教学规划。当前我国教育管理系统已经积累了大量的学生个人信息数据，如教育部每年采集的《国家学生体质健康标准》数据等，通过数据挖掘关联算法，对学生教育过程中的培养方案、课程设置等数据进行相关性分析，为管理人员科学制定培养方案、设置课程提供理论指导，提高教育决策的精准性。通过数据采集、统计分析，能够为教育决策（学校布局、教育经费分配等）提供数据依据，而科学决策又会助推教育事业持续、均衡发展。

微观个体层，目前学校的教学管理一般是以学校整体、年级或班级为单位进行整体分析，对教师或学生个体的分析往往凭借经验，缺乏数据来证明教师教学决策或教学安排的预期效果。因此可能会存在学生不感兴趣、教学效果不理想的困境。教师管理是教学管理工作的关键环节。教师安排的教学内容是否与教学大纲一致、是否能被学生理解、重难点是否突出，都关系到学生的学习效果。《教育部2018年工作要点》中指出，启动人工智能＋教师队伍建设行动，探索信息技术、人工智能等支持教师决策的新路径。未来通过人工智能教师与人类教师协同教学，通过人工智能教师了解学生的知识储备、学习风格等个性特征，与人类教师共同制定教学计划、安排学习路径，根据学生的反馈调整教学方案等，为学生提供极致的教学体验。

2. 教学管理智能化

学校顺利开展各项工作的前提是要有高效的教学管理。人工智能的融入将会使教学管理工作更加有序、高效，更好的体现服务，使传统的教学管理从"延迟响应"的人治模式走向"即时响应"的智治模式。

教学管理涉及到方方面面，要通过智能化管理实现减员增效。目前，在教学管理过程中，数据的采集、录入、汇总、导出、分析、更新等工作仍需人工去完成，教学管理仍处于人治模式，智能化程度较低。未来，通过智能化教学管理系统，将教学管理要素人事、科研、后勤等有机结合，实现共享与动态更新教学管理信息，从而实现智治化管理，保证对突发事件的即时响应。

首先，在资产和能源管理方面，不少高校已经尝试利用大数据技术、物联网技术对学校的资产和能源进行管理，并取得了良好的效果，例如江南大学自主设计开发的"数字化节能监管系统"可以自动感知能耗，实现节能服务，打造低碳校园。而人工智能在校园资产和能源管理方面将发挥更大的效用。通过善用人工智能技术分析改善电能消耗，实现节能减排。DeepMind 团队曾为谷歌开发过一套系统，通过机器学习管理数据中心，将数据中心的电源使用率提升，用电量减少了 15%。百度也利用人工智能节能降耗，在百度总部大楼试行人工智能能源管理。将人工智能应用于校园能源管理中，使得能源得以有效利用，打造低碳校园环境。其次在舆情监控方面，出生于"数字土著"时代的学生每天都在接受形形色色的网络信息，他们不光是信息的接受者，同时更是信息的生产者和传播者。网络信息传播的快速性，使得学生有时难辨信息的真假，学校的舆情管理也较难把控。传统依靠学生干部上报和管理者筛查的方式难于继续。舆情管理的关键是提前洞悉舆情的未来发展，在舆情初期即时响应，进行控制和引导。人工智能是舆情监测的有效方法，是预测舆情和处理舆情的有利工具。人工智能在舆情管理方面的效用主要体现在以下两个方面。一是通过人工智能全天候实时监测校园舆情，智能分析，针对学生所关注的热点事件，进行舆论引导，实现科学预测舆情、快速处理舆情。二是通过网络爬虫技术对校园网站、贴吧等社交网站的不良信息自动剔除，营造良好网络环境。

通过人工智能系统自动汇聚学生在校相关数据，自动分析处理，将结果反馈到班主任或辅导员老师，提高自动化管理水平，从学生生活点滴入手，避免突发事件的发生。精准及时的自动化管理不仅避免了人为管理的漏洞，也将管理者从重复性劳动中解放出来，让管理者去从事更具创造性的管理工作。

3．教学管理人性化

目前以学生为本的教学理念根深蒂固，相应的教学管理理念和方法都应创新，不再是传统的管控和治理，而是变为一种管理服务，满足学生主体的内在需求，为其提供便捷、高效的服务，从"重管理，轻服务"的管控思维向"用户需求"转变，使得教学管理更加人性化。

近年来，随着人工智能技术的发展，利用数据挖掘和机器学习等技术可呈现学习者的数字画像。即基于动态的学习过程数据，分析、计算出每个学生的学习心理与外在行为表现特征，描绘出学习者画像，从而为每个学生的个性化学习以及教学管理提供个性化服务。

学生画像即对学生特征进行标签化处理，包括学生基本情况、考勤信息、借阅图书信息、网络信息、消费信息等，通过记录学生在校的日常行为数据，从而描绘出学生画像。学生画像是学校评价管理学生的重要依据，为学校提供了丰富数据，帮助教师快速了解学生状态。根据不同学生的"数字轨迹"，使管理服务细致入微。例如根据学生借阅情况、消费情况、宿舍生活轨迹、社交分析等全面认识了解学生；根据学生行为动态、跟踪学习轨迹，把握学科知识理解程度，预测成绩排名趋势；根据学生在校消费水平，生活困难指数，可以客观公正呈现，通过数据分析洞悉真实贫困状况，找出隐性困难学生，提升贫困关怀。这些事情看似是小事，却关乎学生教学事务管理质量。

第四节　人工智能对现代教育发展带来的挑战

人工智能技术在教育领域的发展是势在必得的，虽然我国仍然属于人工智能技术教育应用的初级阶段，但人工智能技术已经逐渐覆盖在教育的各个过程中。在此阶段，人工智能技术赋能教育的过程中也暴露出许多教育问题，这些问题如果不得已解决，将日积月累成为教育事业中的危害，给教育带来风险，乃至破坏教育的价值。

（一）学生身心发展产生偏差

1. 深度思维缺失

随着自媒体的兴起，移动互联深入大学生的生活学习之中，碎片化学习时间、碎片化的学习内容会割裂知识的体系化和系统性。学习知识量上可能会出现迅猛增长，但是知识的厚度和深度上出现退化，这将直接导致深度思维能力的缺失。当前学生最常见的学习途径主要是使用手机、平板电脑等通过各种 APP 获取知识，最常用的有微信、QQ、微博、知乎、百科等以及抖音、快手、哔哩哔哩、咪咕等短视频或直播平台。这确实打破时间和空间的限制，可以实现在任何地方、任何时间进行学习，但带来的后果是觉得学习了很多又好像没啥具体收获，学到的都是些零碎的、杂乱的、无序的、跳跃的东西。从知识特点上看，碎片化学习收获的是些高度形象化、浅显的东西，很难启发人的高阶思维，引发人的深度思考，更难以形成具有系统化、体系化的知识。碎片化学习，使得思维趋于平面化、浅显化，直观、单一，不断追求新鲜内容和信息的刺激，而缺乏对信息的编码、存储以及深刻、创新的分析、推理和理性思维等复杂的心理认知，懒于进行深层次思维，解决问题的能力弱化。客观上学生身处知识的海洋中，面对的是良莠不齐、泥沙俱下的海量网络信息，这增加了获取有价值知识的难度。

2. 自我中心化

这主要表现为凡事以自己为中心和出发点，很容易忽视他人的利益以及感受。自我中心化割裂了自我与他人、社会的关系，容易漠视和损害他人、群体和社会的利益，其核心是利己主义，目的是实现人际交往中的自我利益最大化。不管在现实中还是在虚拟世界中都想要当主角而不当配角。在学校中主要表现为集体意识淡漠化，参与集体活动兴趣不高。

就其形成的原因而言，一是与独特的家庭模式有关系，现在很多家庭都是"421"结构，四个老人加父母再加一个孩子，还在从小就是家庭的"小太阳"，被家长众星拱月般围绕。二是与高度网络化的生活、学习、娱乐有关。随着移动互联网的普及极大地方便了学生的沟通交流，足不出户就能解决校园生活的各种问题。各种应用程序都是基于"用户中心"思维进行开发设计的，这对于成长中的学生而言很容易滑向自我中心的深渊。正如网游、交通出行等软件，在使用体验中每个使用者都是虚拟世界的中心，世界随着使用者的意愿而动，作为互联网原住民的当代大学自然深受这种网络生活的影响，不知觉间加剧自我中心意识。三是随着科技与经济的发展，分工越来越精细，个人职责愈加明确从而导致团队意识、集体观点淡薄。四是中华优秀传统文化、革命文化和社会主义先进文化在校园文化中作用发挥不充分。中华民族历来是注重民族、家族利益的，这本身就是一种集体主义的精神。中华优秀传统文化中更是有着深厚而悠久的推己及人的优良传统，诸如"己欲立而立人，己欲达而达人"（《论语·雍也》），"己所不欲，勿施于人"（《论语·卫灵公》），这都是反自我中心主义的。中国革命文化的鲜明特色在于倡导集体利益高于一切。从马克思主义原理看，自我中心与人的本质"人是一切社会关系的总和"是相违背的。这些主流文化在校园文化建设中没有充分发挥其作用，对学生的影响力还有待加强，从而出现这种自我中心化倾向。自我中心是过于强调主体性而走向极端的结果，故而在提倡人的主体性时要把握尺度而不能走进自我中心的地步。

3．人文精神缺失

科技在人类发展史上发挥了重要的积极作用，促使人类大幅向前发展。但是随着科学与技术结合的日益密切，科技的力量呈现前所未有的爆发式增长，这就容易导致过度崇拜科技甚至迷信科技，认为科技乃"一万能必胜之利器"，从而走向另一个极端，陷入唯科学主义或者技术理性之中进而导致人文精神的缺失。网络空间的诞生是现代学生成长中最显著的、最独特的环境变化，也是和之前大学生最明显的区别之一。现代学生的特征是生产性、消费性；他们在"联结"的网络环境中学习；他们相互之间的"联结"高度依靠技术和媒体。学习环境变了，学习内容变了、学习时空条件也变了，碎片化学习以及泛在化学习也是随网络空间而出现的。信息技术在很多人看来是一个工具性的存在，但对于现代学生来说是生存环境的一部分，就像空气和水一样，是生存不可或缺的一部分。这种认识上的差别是当前高校师生间最根本的分歧之所在。当前学生人文精神缺失，一方面是成长环境原因，另一方面是教育的缺失或不足所致。人文的缺失与走进唯科技的实用主义圈子其实是一个过程的两个方面，即随着全部重心转向科技而使得人文教育"空心化"，主要表现在人际交往高度人机化，线下人际交往能力渐弱；日常生活消费完全依赖网络，休闲娱乐游戏也是虚拟化；学习呈碎片化方式，学习内容上出现实用主义倾向，重实用型工科而轻人文综合学科；知行存在一定的脱节，实践动手能力变差等。在现代化进程中，对科学技术的价值认同深入人心，也容易使人们产生过度理性主义的偏向，对造就现代物质生产的科学技术顶礼膜拜，却忽视了人文精神的价值追求，工具理性的膨胀遮蔽了价值理性的张扬。[①]人文精神的缺失最终导致的是错误的价值观和人性的迷失。

4．劳动能力相对较差

马克思高度重视劳动，认为劳动是人的本质，并在《1844 年经济学哲学手稿》中指出，一个种的整体特性、种的类特性就在于生命活动的性质，而自由的有意识的活动恰恰就是人的类特性。生活本身仅仅表现为生活的手段。[②]1875 年马克思在《哥达纲领批判》中更进一步指出，劳动已经不仅仅是谋生的手段，而且本身成为了生活的第一需要。[③]可见劳动是人与动物的根本区别之所在，尤其是随着生产力的进一步发展，未来劳动会成为人的"第一需要"。当前大学生的劳动意识淡化、劳动能力较差，外在表现为身体素质的下降，吃、住、学习、运动等高度依赖网络，并且还有尽可能减少体力劳动的趋向。由于自动化的普及运用，家庭体力劳动时间大大减少，同时在中小学教育阶段过于重视智育，而劳育时间和机会也被挤压。宏观上，学生受传统思想当中的一些不良观念影响，诸如"劳心者治人，劳力者治于人""万般皆下品惟有读书高"等，以及很多时候错把劳动当作惩罚手段使得学生对劳动产生误解而在心理上留下阴影，最终导致劳动意识淡薄、劳动能力下降等现象，在学生中出现连续逃课旷课、沉迷游戏、无节制消费等现象，究其根本都与劳动能力较差以及由此引发的耐受力变差、意志力薄弱、艰苦奋斗精神丧失等有关。

概言之，人工智能时代使得学生的深度思维缺失、自我中心化、技术

---

① 董雅华．思想政治教育哲学问题研究[M]．上海：复旦大学出版社，2019．
② 卡尔·马克思．1844 年经济学哲学手稿[M]．刘丕坤，译．北京：人民出版社，2015．
③ 卡尔·马克思．哥达纲领批判[M]．何思敬，徐冰，译．北京：中央编译出版社，2022．

理性倾向和劳动能力较差。如不积极面对、深入分析这些因素就会影响学习教育的实效，更会增加教师的施教难度。

（二）教师主导性弱化

作为现代教育主要推动者的教师是最重要的主导力量，而人工智能会给高校教师带来哪些挑战呢？主要表现在以下四个方面。

1．权威性弱化

现代教育是担负实现立德树人目标的最重要组成部分，从事教育的教师是这项工作的主导力量。人工智能会给教师主体地位或社会声望等带来诸多挑战。在传统观念中教师的主要功能是传道授业解惑，教师除了传授知识、技能等外，还要解疑释惑，解决学生的思想和价值观、人生观、世界观的问题。其一，教师作为知识传授方面的功能最先受到人工智能的冲击，教师的权威地位将迅速下降。无处不在的网络空间中充满各种各样的知识体系，学生可以随时随地、随心所欲地学习相关专业知识，甚至随时可以观看最顶级专家的讲座。教师在知识占有上，尤其是前沿知识上已经不占绝对优势了。教师知识传授功能将逐渐让渡给机器。人工智能技术的发展特别是非侵入性脑机接口结合人工智能技术而诞生的新型"教师机器人"、智能导师系统（ITS）、作业批改、在线一对一辅导、情感陪护型聊天机器人等将直接冲击教师知识传授的功能，从而引发新一轮课堂授课的变革。传统上教师最重要的两样东西，一是知识占有量，二是讲授讲解技能，二者在智能化信息化的今天都已不占优。其二，是教师在师生关系中的心理位势不断下降。传统教育观念中教师作为知识的权威已经趋于淡化，这在师生关系中会给教师的心理位势带来极大震撼。未来师生关系将不断走向情感化、平等化、生活化，维系师生关系靠的是非权力影响力。所谓非权力性影响力属于自然性影响力，是由一个人的品德、知识、才能、气质、作风和亲和力等因素构成的。未来教师的品德修养、学识修养、人格魅力、生活态度等将发挥更重要的作用。

2. 言传讲授弱化

教师人格魅力将成为教师更重要的素质。在当前教育模式中讲授式仍然处于主要地位，以此形成了以教师为中心的讲授式教学，其效果已经远远不能满足当前学生的需求。只要稍微留意下当前学生的日常生活、学习状况就明白什么叫高度黏屏生活，在吃美食前"拍一拍"、课间之余"抖一抖"、睡觉之前"刷一刷"，不论醒来还是睡前第一反应都是手机。如果说计算机时代是依托鼠标键盘交流的时代，手机时代是依靠触摸屏交流的时代，而人工智能时代将则是自然语言和意识交互的时代。教师要想重新获得学生的认可与关注，就必须贴近学生活实际，了解其内心真实处境，这样才能激发学生的学习、交流的兴趣。其次，一对多、讲授式这种工业革命时代课堂教学的产物面临挑战。网络空间逐渐成为当代学生获取知识的主要途径，传统课堂视域下的物理空间逐渐萎缩。因材施教这一古老的教育梦想会随着人工智能技术逐渐实现，"一对一"式的线上线下相结合的教学模式将会淘汰这种一对多的千人一面的教学形式。VR、AR、全息技术等三维视听传媒逐渐替代言传讲授式教学。最后，师生间信息传递方式将改变。传统上信息是以教师向学生传递为主流，学生向教师流动为支流，且信息流动存在时差难以同步共频。在人工智能时代知识获取途径立体化，会有无数支流汇聚成主流，而师生之间可以实现双向交互，形成同频共振之效。故而，教师言传讲授的形式将面临巨大挑战，取而代之的应该是充分彰显教师人格魅力的"身教"式教育，以此充分弥补人工智能协作下教育在道德、情感、信念、价值观念等方面的弱势，这正是教师发挥用武之地的优势阵地。

3. 教育理念落后

教师教育理念由定势思维走向开放、共享。理念是行动的先导。人工智能对教师传统的教育教学理念是一次全方位的冲击与挑战。传统教育止于简单、线性、静态的思维方式，而大数据促使教育复杂性、整体性、动态性研究和教学成为可能。大数据时代教育还应树立共享理念。同时，知识更新周期不断缩短，教师还想着一本教材走天下的做法已完全不合时宜了。这种思想已经严重落后于时代的发展，如今是一个称之为知识爆炸的时代，信息通信技术带来了人类知识更新速度的加速。进入新世纪时，许多学科的知识更新周期已缩短至 2~3 年，这意味着知识每隔三年左右就能翻倍，对于个人而言所掌握的相应知识就要大打折扣。所以只有不断学习更新知识才能跟得上时代的步伐。因此要树立开放、不断进取的理念方可立于不败之地。人工智能对教育带来的变革，也并不是仅仅限于表面的精准化和可视化，其本质性变化在于对人们的思维方式、认知图式和行为习惯带来的根本性变革。教师理念的升级与变革势在必行。

4. 教育教学技术手段的不适应

从教师综合素养看，很多学校教师对于现代教育技术以及计算机操作相对薄弱，教师信息素养的提升一直是教师教育的重点之一。学生一直是走在信息网络前沿，当学生都纷纷走向网络时，教师势必也要利用好网络技术手段。人工智能时代现代教育的信息化、智能化、智慧化是满足当代学生发展所必备的，将来的发展趋势是教师和人工智能进行协同和配合，"人机协作""人机共治"将成为一种教育"新常态"。当前学校教师之中在一定程度上出现技术恐慌或者毛泽东所提出的"本领恐慌"。教育技术在新科技革命推动下呈现日新月异的迅猛发展，教师教学技术的提升远落后于新技术的发展速度，从而导致教师教学技术上的不适应。随着人工智能应用走向成熟会逐渐替代教师的部分工作，给教师专业发展提供了充足的时间。关于教育是技术的争论存在已久，随着科技的发展，技术的成分会逐渐减弱。将来教师的发展趋势将是朝着创新性和艺术性相结合的方向发展，这样会缓解教师技术上的不足，扬长避短，充分发挥教师非技术性方面的优势来提升育人实效。

可见，人工智能给教师带来的挑战主要有教师主体地位弱化、知识传授阵地萎缩、讲授技能的"失势"、教育理念的固化等问题。教师作为学校实现立德树人的主力军，与传统中过于聚焦知识传授形成鲜明对比，未来教师在价值观、人生观、世界观等方面的作用就更加凸显。人工智能时代所有学校教师课程思政的责任将会变得越来越重，要向实现立德树人的本质上回归。如解决不好教师的角色问题将深刻影响学校教育的实效。

（三）教育环境复杂化

新的科技革命给现代教育的发展带来最大挑战是网络空间维度的增加。网络空间主要是依托计算机、移动终端、卫星、通信设备以及互联网、移动互联网而组成。网络空间产生的实质是在信息产生、传播、获取上发生了全方位、立体式的变化。科技革命的中心是能量与信息，新一轮的科技革命正是以信息为中心迅速袭来。网络社会成为人类社会的新形态，无论人们怎样称谓这个社会形态，诸如网络社会、信息社会、后工业社会、高风险社会和不确定社会等，都明确地认识到这个社会是一个以海量信息供应引起了快速流动的社会。网络空间成为教育环境中的最大增量，其特征是信息内容的不确定性、海量性、复杂性；传播速度便捷性、及时、迅速；形态上的流动性、动态化、易变性；还有传播通道的交互性与共享性等。这些带来的深刻社会影响是高风险和信息过载，最终会导致人们的思想多元化、价值观念多样化，并且这样的趋势愈来愈加明显。

　　具体而言，网络这个最大变量对现代教育来说，既可视作一种技术手段，也可视为一种教育环境。有学者认为网络具有二重性，一种有代表性的观点是"工具论"，即基于对互联网技术特征和工具属性的理解，把互联网视为开展教育的一种新技术、新手段和新方法。另一种代表性的观点是"环境论"或"社会论"，即从网络环境、网络社会的视角来认识互联网，将互联网视为教育新的环境和社会空间。网络作为一种技术、一种工具使得思想政治教育传播通道从单向传播转到双向、多向交互关系。传统信息传播一般都是自上而下的单向发布，途径主要是大众传媒。如今由于网络的出现彻底改变了这种传播方式，形成一种万物互联、交互无处不在的新形式。传统上信息源单一且固定，只有通过主流媒体进行发送，而现在由于信息技术则呈现百花齐放百家争鸣，人人都是自媒体，都是麦克风、扩音器、广播台。相应地人们获取信息的途径也就变得无处不在，可以说被淹没在信息的海洋中。

　　网络作为一种环境，对教育环境最大冲击是泛娱乐化、游戏化、自由化等对主流意识形态的消解和遮蔽。有学者认为当前教育环境存在三方面问题——生态环境污染、生态环境失衡、环境主体创新能力弱化。环境污染主要是表现在受到不良思潮浸染，诸如西方国家传播大量披着普世价值外衣实则是以西化、分化为目的的各种思想；以自由为口号实则是传播极端个人主义、享乐主义、利己主义等不良思想，这对思想教育环境造成严重污染。环境失衡主要是主流意识形态或者主流文化因其权威性、严肃性、理论性等在网上受到冷遇，而各种娱乐化、庸俗化的网络文化思想大受追捧，造成本末倒置。环境主体创新能力弱化主要是在传播内容生活化、话语体系通俗化、传播方式去中心化等方面创新不足，完全不能适应网络媒体传播的特点，造成一定程度的脱节。

同时，对学生而言由于高度依赖网络，网络中充斥着大量泛娱乐化、游戏化、消费导向的信息，这对学生思想观念的形成产生极大冲击与震荡。尼尔·波兹曼（Neil Postman）在《娱乐至死》（《*Amusing Ourselves To Death*》）一书中指出："一切公众话语都日渐以娱乐的方式出现，……其结果是我们成了一个娱乐至死的物种。"[①]这种现象在学校也有逐步蔓延的趋势，加之学生正处于价值观形成与成熟的关键期，心理上属于"拔节孕穗期"，更容易受到网络环境的影响。网络环境对学生的熏陶渐染表现在了各个方面，诸如话语体系、行为习惯、兴趣爱好以及价值观念，而这极大地消解了主流价值观和主流文化的影响力与吸引力，容易使得学生成为消费至上、娱乐至死的享乐主义者。

人工智能对现代教育环境的冲击可谓是颠覆性、全方位的。首先是颠覆传统的二维环境，开辟了信息空间，而且这一空间逐渐成为人们获取信息的主要空间。其次，信息空间的出现拓展了信息源、改变信息通道、丰富了传播方式而形成万物互联随时交互的物联网新环境。最后，学生既成长于网络又高度依赖网络，各种泛娱乐化、游戏化、自由化等非主流思想冲击着大学生的价值观，从而影响学校思想教育效果。

（四）思政课主渠道的分流

思想政治理论课（简称思政课）通常都是采用班级授课制，这种一对多大水漫灌式教学如今难以取得实效，目前存在的最大问题是教师"在场"与学生的"不在场"之间的矛盾正在加剧。思政课作为一些学校思想政治教育主渠道的作用受到挑战。思政课涉及教师的"教"、学生的"学"还涉及课堂环境手段等一系列因素，而思政课本身及其定位、教学方式、功能

---

① 尼尔·波兹曼. 娱乐至死[M]. 章艳，译. 南宁：广西师范大学出版社，2011.

发挥等方面受到人工智能新科技革命的挑战。在 2019 年召开的学校思想政治理论课教师座谈会上，习近平总书记进一步明确指出"思政课是落实立德树人根本任务的关键课程，思政课作用不可替代，思政课教师队伍责任重大"①。课堂教学是学生系统获得理论知识的主要途径，也是提升学生理论深度和厚度、塑造社会主义核心价值观的主要阵地，但是随着课堂教学受到网络的冲击，其主渠道作用相对弱化，着眼未来思政课必然走向网络空间，使得线上线下混合式思政课教学成为主流。

传统思政课原本存在一些问题，诸如："抬头率"不高，"配方"陈旧，"工艺"粗糙，"包装"不时尚等，导致课堂亲和力不足。这是较为宏观的描述，也是很多学者认同的普遍现象。思政课本身所具有的特征与当代学生的认知、思想、心理等特征先天的存在一定的对立或难以兼容的特质。学生历来所共性的特征，如生活经验匮乏、心理有待成熟等又增加了学生对思想政治理论理解的难度，成为传统思政课有待破解的顽瘴痼疾。

如今，人工智能对思政课的冲击造成学生课堂"身体"在场与"心思"却不在场的问题日益严重。根据中国互联网络信息中心（CNNIC）发布的第 51 次《中国互联网络发展状况统计报告》，截至 2022 年 12 月，我国网民规模达 10.67 亿，较 2021 年 12 月增长 3549 万，互联网普及率达 75.6%。上网各类应用使用时间最长的前四位分别是：即时通信、网络视频、短视频和网络支付。换言之，当代学生几乎百分百都是网民，人均每天近四小时在网上，主要的活动就是通信和娱乐。思政课多为集体授课，课堂上学生很大一部分吸引力、注意力被吸引到网上，课堂之上形成了两个空间，大学生身体在教室而思想之"流量"在网络空间中。这导致作为主渠道的课堂教学被分流。这仅是从课堂空间环境来讲，随之而来还有其他的挑战，

---

① 习近平. 思政课是落实立德树人根本任务的关键课程[J]. 求是，新华社：2020（17）.

诸如，教育者主体权威性面临被弱化的风险、思政课所倡导的核心价值观面临巨大冲击、思政课教学所必需的反思性遭到削弱。

思政课主渠道地位的弱化会直接影响其铸魂育人功能的发挥。思政课教学改革也必须注重网络空间的应用，提升教学的信息化水平，在人工智能助力下打造线上线下相融合、虚拟与现实相结合的新型教学模式。

（五）文化上的技术理性倾向

人工智能在思想、文化、价值观层面带来技术理性倾向，对学校的教育形成巨大的挑战。技术理性是伴随着科技的发展逐渐兴起的，兴起之初带动着科技飞速发展，但是随着科技的进一步发展出现过度肯定科技的作用与地位，甚至置于人性之上，从而逐渐滑入异化的深渊。在很多时候技术理性也称之为工具理性。技术理性与工具理性成了现代社会的一对孪生子，在此我们将二者作相同意义的理解。而与之对应的是价值理性，则是要积极鼓励和倡导的。

宏观上，很多国家在科技推动下步入发达工业社会阶段，人们物质生活有了大幅度地提高，同时造就了人们对于科技的依赖和盲目崇拜，认为科技是万能的，没有什么问题是科技解决不了的，从而忽视了工业发展、技术进步带来的一系列问题，诸如环境污染、水土流失、植被破坏、病毒肆虐、转基因技术以及核武威胁等。人们在享受丰盛的物质生活的同时精神世界却逐渐萎缩，逐渐形成赫伯特·马尔库塞（Herbert Marcuse）所谓的"单向度的人"。单向度的人，即所谓的丧失否定、批判和超越能力的人。这样的人不仅不再有能力去追求，甚至也不再有能力去想象与现实生活不同的另一种生活。[①]对科技的盲目崇拜会使人丧失批判能力而走向误区，碰

---

① 马尔库塞. 单向度的人：发达工业社会意识形态研究[M]. 刘继，译. 上海：上海译文出版社，2008.

到的任何问题都想着借助于科学，这样就容易坠入恶性循环之中，从而走向极端。这造成人本质的迷失，将人的主体性遮蔽而让科技成为唯一的追求。改变现状的关键在于提升人文素养，以此激励人文精神、科学精神的回归。这里科学精神与技术理性、科学主义是有本质区别的，科学主义不是科学的一个必然产物，而是技术理性支配下的某种特定的意识形态。科学的"精神"之高出具体"科学"的地方就在于"追求真理"。一个国家、一个民族没有科技的高度发展结果是落后和挨打，但是如果没有人文精神、丧失文化传统可能不打自败。当前社会到处充斥着的技术理性或者"技术至上主义"倾向会侵蚀文化氛围，从而冲击高校思想政治教育的效果。

中观上，学校作为文化和思想的传承中心和创新之源，也是科技发展与传承的桥头堡。学校作为立德树人的场所，育人是其第一位的功能，而科研与服务社会是随之产生的次一级功能，不能本末倒置、反客为主。课堂教学作为学校育人的主要活动，是主渠道，然而在技术理性冲击下，教学环境设置上充满浓重的技术理性气息。

微观上，学生受技术理性影响较为严重，主要表现在两个方面，一是从人际关系向人机关系的转变。学生阶段是心理走向成熟的阶段，处理人际关系的能力日益完善。但现代学生作为"网络土著"一代，从小伴随着互联网长一起成长，先天地对各种新科技有着浓厚兴趣和难以割舍的依赖感。从学习到生活再到消费、娱乐基本离不开各种屏，手机屏、电视屏、电脑屏、平板屏等，人机交流占据主导地位。这在一定程度上消解和屏蔽了人际交往间情绪、眼神、态度、语气等只有面对面交流时才有的元素，弱化了人情味和情境性，加之人机交流时间的延迟性对人的思维要求也降低了。正是在各种科技工具的陪伴下，人的精神、思想、思维、自由意志等形而上学的东西被淹没在各种形象、感性、趣味丛生的网络化、虚拟化的人机世界中了。二是价值取向上工具理性占主流，功利化明显。互联网兴起前学生追捧的是文学、历史、传记、哲学、诗歌，热衷于诗歌会、辩论会、演讲、读书会等文学文艺活动。之前学生追求的是启迪智慧、深化思想、陶冶感情、丰富精神，而当前学生的价值取向是以功利性、实用性、技术性、经济性为目标。价值取向的转变正是在科技高速发展的冲击下，技术理性在默默影响着当代学生的价值观念体系。

从社会到学校再到学生无不在渲染、强调一种科技至上的风气，技术理性的观念逐步为更多人群所接受、所崇拜、所信仰，这既对人们价值观产生巨大影响而造成价值观短视化、甚至扭曲，又逐渐形成一种文化或者思想风潮使得人忘记"人之为人"的本质而一味追求身体的、物质的、外在的感官世界并流连忘返。"教育贵于薰习，风气赖于浸染。"学生置身其中，会在无形之中受到社会风气浸染，从而影响学生精神、侵蚀学生的价值观，进而影响其人生观世界观并以此消解学校教育的效果。

第五节　与人工智能结合是现代教育发展的必然趋势

一、人工智能为现代教育发展提供现实基础

随着人工智能技术的快速发展以及教育需求的不断提升，机器学习、深度学习、学习分析、人机协作等人工智能技术正逐渐融入教育领域，人工智能与教育的创新结合已经成为一种发展趋势。纵观人工智能与教育结合的发展历史，大体可以划分为萌芽阶段、起步阶段和发展阶段。

萌芽阶段：人工智能与教育的结合发展萌芽于 20 世纪 40 年代，图灵在其《计算机器与智能》一文中对人工智能概念进行了初步讨论。随后，一些学者围绕人工智能在人机交往与教学中的应用展开了理论上的讨论。但是，由于人工智能在技术方面存在着难以克服的问题，其与教育的结合并没有取得较为显著的成果。

起步阶段：进入 20 世纪 90 年代，得益于人工智能技术的快速发展，人工智能与教育的结合发展进入起步阶段。研究学者们于 1990 年围绕智能导师系统、认知交互计算机图形学、临床机器人、学生能力测试以及知识学习系统等内容开始深度探讨，人工智能教育研究主题开始关注诊断与识别、智能导师信息处理、智能代理与教学应用、多层次建模教学系统等。

发展阶段：进入 21 世纪，随着自适应学习、学习分析以及深度学习等人工智能技术的发展，进一步推动了人工智能与教育结合的快速发展，研究学者围绕人工智能教育的内涵、特征、应用模式、关键技术、发展路径等展开了大量的探讨。目前人工智能与教育已经进入了深度结合发展阶段，

智能导师系统、口语测评系统以及自适应学习系统等均在教育教学中得到了广泛应用，助力教育教学逐渐走向个性化、教育管理走向现代化、教育评价走向智能化。同时，人工智能技术的发展、相关研究理论的引导以及国家政策的支持将进一步保障人工智能与教育的深度结合与创新发展。

（一）人工智能技术的发展辅助教育发展

人工智能的迅猛发展为社会各行各业带来了颠覆性的变化，推动了各行各业的快速发展，创造了较高的社会价值与产业效益。然而，教育作为一个高度复杂的生态系统，其对象是具有复杂情感的人。如果人工智能技术无法与人类的特殊情感、智力相匹配，则很难在教育领域得到进一步的应用和发展。但从技术发展视角来看，人工智能发展经历了计算智能、感知智能以及认知智能三个阶段，从"能存会算"到"能听会说、能看会认"再到"能理解、会思考"，由简单的"机械智能"不断朝着复杂的"人类智能"方向发展。近年来随着大数据、机器学习、深度学习等技术的不断成熟，人工智能技术在采集教师与学生的全过程数据、监测学生的情感变化以及创设人机协同的工作模式等方面越发成熟，能够助力教育体系的变革与创新。目前，基于人工智能技术的智能导学系统、口语测评系统、智能分析系统等在教育教学中均取得了不错的应用效果，这都说明了人工智能能够为教育教学提供有力的支持。

（二）人工智能与教育研究理论的引导

近年来，研究学者们围绕人工智能与教育的结合创新开展了大量的理论与实践探索。部分学者通过 CiteSpace 等工具对人工智能与教育融合发展方面的研究论文进行了可视化处理与分析。研究结果显示，目前人工智能与教育融合发展的关注点主要聚焦在内涵特征、应用形式、关键技术、实践路径等上。有学者提出"人工智能＋教育"的主要特征为创新驱动、重塑结构、开放生态、尊重个性、服务智能以及自治演进；人工智能与教育的主要应用形式体现在专家系统、智能导学系统、智能学习系统等系统中；人工智能在教育应用中的关键技术包括机器学习、深度学习、自然语言处理、人工智能算法、学习计算、图像识别等；也有学者提出了人工智能与教育结合的双向路径，包括彰显人工智能技术优势，增强教育人工智能的教育性以及重视学生的软素养培育，普及人工智能伦理教育。除了理论研究成果外，还有很多研究学者梳理总结人工智能与教育结合发展的应用现状，包括智能环境、智能管理、智能评测、智能搜索、自适应学习系统、智能仿真教学系统等，在此基础上进一步探讨了人工智能与教育结合发展的潜在价值与挑战。可以说，研究学者们围绕人工智能与教育的核心问题已经进行了大量的研究与探索，人工智能与教育结合发展的应用模式、发展趋势、现实难题等日益清晰。这些研究成果，为人工智能与教育的结合发展提供了良好的理论指导。

（三）人工智能与教育发展的政策保障

国家政策的支持是人工智能与教育结合发展的保障，是人工智能与教育应用落地的关键。近年来，随着人工智能的迅猛发展，世界各国越发重视人工智能对教育发展的变革与创新，诸如美国、英国、法国、日本等发达国家相继颁布了一系列政策文件来推动人工智能与教育的结合发展，试图利用人工智能技术重塑教育生态，推进教育发展。与此同时，我国也越来越关注和重视人工智能在教育领域的应用与发展，并颁布了一系列政策文件来支持和引领人工智能与教育的创新结合。例如，教育部2018年印发的《高等学校人工智能创新行动计划》中明确提出，优化高校人工智能领域科技创新体系、完善人工智能领域人才培养体系、推动高校人工智能领域科技成果转化与示范应用，以此来培养满足 21 世纪发展需求的创新型人才。2019 年教育部颁发的《2019 年教育信息化和网络安全工作要点》明确提出编制《中国智能教育发展方案》，并于 2019 年 5 月在北京召开了国际人工智能与教育大会，充分体现了国家对智能教育的关注与重视。回顾中国的人工智能教育应用政策可以发现，从发展教育信息化到教育人工智能，国家颁布政策的目标更加清晰、具体，主要包括：第一，政策要求教育尤其是高等教育需为国家发展人工智能提供智力支持和人才保障，并充分发挥高校在人工智能理论研究和人才培养等方面的积极作用。第二，政策为高校如何培养人工智能人才指明了方向，即高校应在学科建设、教学理念、教学环境和教学内容等方面做出相应变革。可以说，国家层面颁布的一系列政策文件为人工智能与教育的深度结合与发展创造了条件，奠定了基础。

二、人工智能与教育结合的必要性

在人工智能浪潮的冲击和影响下，社会各行业正在经历新一轮的工业革命，而教育领域也正在经历一场深层次变革，人工智能技术将重塑教育体系与教育生态。在此时代背景下，实现人工智能与教育的创新结合将进一步推动教育体系的变革与创新，助力智能时代的人才培养。

（一）工业革命倒逼人工智能与教育创新结合

人工智能技术的快速发展正在引领新一轮工业革命的到来，不断推动各行业产业结构的转型升级，生产过程已由单一、重复的流水线生产模式转变为大规模、个性化、自动化的智能制造模式，导致大量从事机械性、重复性的工作岗位被人工智能所替代，这对劳动者们提出了新的要求。人工智能技术的迅速发展，可能会导致大量的工作被人工智能所替代，与此同时也创造了很多新的工作岗位，但是新的工作岗位对人才类型、结构、规模等都提出了新要求，然而现有很多劳动者还无法满足人工智能时代的要求，面临被时代淘汰的危机。教育作为一种培养人的教育，需加强创新型人才的培养，来满足人工智能不断发展所带来的岗位需求，从而推动各行各业的健康有序发展。因此，亟须推进人工智能与教育的结合发展，培养符合岗位要求的、能够实现人机和谐共处的 21 世纪创新型人才。

（二）教育变革推动人工智能与教育创新结合

人工智能与教育结合发展也是教育领域自身发展的诉求，在人工智能浪潮的冲击与影响下，教育系统正在发生一场深层次的变革。目前，我国政府、学校、企业等都高度重视人工智能与教育的结合发展，试图通过人工智能来推进教育生态体系的重塑与发展。政府层面，我国政府近年来围绕人工智能与教育的结合发展颁布了一系列政策文件，旨在推进人工智能与教育的深度结合，培养"人工智能＋教育"的创新型人才。2019 年的国际人工智能与教育大会上通过了《北京共识》，该文件提出各国要制定相应政策，推动人工智能与教育、教学和学习系统性结合，利用人工智能加快建设开放灵活的教育体系，促进全民享有公平、有质量、适合每个人的终身学习机会。学校层面，众多中小学校已经将人工智能课程纳入课程体系，开设了程序设计、教育机器人等方面的课程，旨在培养学生的创新能力、动手能力。此外，不少高校近年来陆续成立人工智能学院并开设人工智能相关专业，比如中国科学院大学、南京大学、北京师范大学等成立了人工智能学院，又如北京大学、清华大学等开设了人工智能相关专业。企业层面，企业为了顺应时代发展潮流，增强自身产品的竞争性，积极开展人工智能职业培训，培养创新型、智能型人才，同时积极引进人工智能方面的专业人才，以更好地适应"人工智能＋教育"时代发展的新要求。

（三）智慧教育呼唤人工智能与教育创新结合

2018 年 4 月教育部发布的《教育信息化 2.0 行动计划》中首次提到以人工智能、大数据、物联网等新兴技术为基础，依托各类智能设备及网络，积极开展智慧教育创新研究和示范，推动新技术支持下教育的模式变革和生态重构。该文件明确指出了智慧教育的发展之路，便是要充分发挥人工智能等新兴技术的作用与价值，助力教育生态的重构。智慧教育作为教育信息化的新境界，借助新一代信息技术的力量，创建具有感知、推理、辅助决策等智慧特征的学习环境，从而促使学习者的智慧得到全面、协调和可持续的发展，为信息时代培养适应社会发展的创新型人才。可见，智慧教育旨在为学习者创建能够感知学习者需求的智慧学习环境，促进学习者使用深度学习、跨学科学习的智慧学习方式，以培养学习者的智慧。人工智能作为新一代产业变革的核心驱动技术，汇集了大数据、云计算、脑科学等新兴技术和理论成果，在智能学习环境、深度学习、个性化服务等方面具有重要价值。为满足智慧教育的发展目标，需要充分发挥人工智能的作用与价值，借助自适应、深度学习、智能机器人等技术为学习者创建智能感知的学习环境、提供个性化学习服务，促进学习者深度学习的发生，从而培养满足时代发展需求的创新型人才，推动智慧教育的快速发展。

三、人工智能与教育结合的发展现状

随着人工智能技术的不断发展，其在教育领域的应用也越发广泛，虽尚未彻底颠覆传统教育，但是将进一步促进学习方式的变革与教育教学的创新，为未来教育的深度智能化打下基础。聚焦不同场景下的教与学过程，人工智能教育应用与发展正从独立的、针对特定领域的简单教学系统向支持教与学的全过程演进。人工智能与教育的结合发展呈现出情境化、个性化以及数据化三大特征，在为学习者提供个性化服务、为教师提供教学支持以及为管理者制定决策提供数据化支持等方面发挥了重要作用。

（一）为学习者提供个性化服务

个性化是人工智能与教育结合发展最重要的表现形式，同时也成为教育人工智能领域被频繁提到的一个热词。所谓个性化服务，就是根据学习者的学习风格、学习特征、学习兴趣、学习动机、家庭背景等因素，确定适合其自身发展的学习内容、学习方法和学习模式，为每一位学习者提供精准、适切的学习服务，促进学习者充分、自由、和谐发展。在自适应考试、智能口语测评、全学科阅卷等人工智能技术的支撑下，各学习平台充分利用学习者的学业诊断数据、学习行为数据，并根据学生的学习目标、学习风格、学习习惯以及对知识点的掌握情况等绘制学习者画像、资源画像，并构建知识图谱，为其制定个性化的学习路径，推送个性化的学习资源，从而提供精准、富有实效的个性化服务。目前，应用较为成熟的个性化服务平台包括智能导师系统和个性化自适应平台（Personalized Adaptive Platform）等。

智能导师系统作为人工智能与教育结合发展的一个重要应用，其借助人工智能技术，让计算机扮演虚拟教师的角色，为学生传授知识，聚焦于个性化学习、辅助性学习以及学习精准测评等内容，如学习者建模、计算机化、自动预测、辅助教学、学习对象排序、问题复杂性、学习分析、算法、认知增强、教育数据挖掘和自然语言处理等。该系统能够根据学生的特征、兴趣、习惯、活动以及需求等制订个性化学习计划，利用案例推理和模糊系统，实现学习者学习风格和学习内容的自适应学习，有利于学生的个性化学习。

个性化自适应平台是利用人工智能构建自适应学习环境的重要手段，主要用来优化学习步调和教学方法，以满足每位学习者的需求。Knewton、DreamBox、ALEKS、Gooru 等个性化自适应学习平台已经得到了广泛应用。其中，Knewton 作为目前影响力最大的自适应学习平台，借助心理测量模型和贝叶斯网络等概率模型来评估学习者的知识状态，并基于学科知识图谱进行学习路径推荐，为学习者提供自适应学习体验和预测分析，来提高学生的学习成就。在人工智能技术的支持下，结合大数据的学习行为分析技术，能够建立更加精准的学习者模型和学科知识本体库与知识图谱，更加智能地调整学习过程，并有针对性地为学生推送适合的学习内容，从而快速提高学习效率、提升学习效果。

（二）为教师提供教学支持

人工智能时代，学习者的学习将更加趋向于个性化，强调创新型人才的培养。这为当前教师提出了更高的要求和挑战，要求教师能够开展有针对性的教育服务，为学生提供个性化的教育和个性化的培养。人工智能技术的出现与发展在一定程度上能够将教师从传统的教学事务中解放出来，助力教师的角色更加贴近教育的真实目的，以更好地开展个性化教育，实现因材施教。由此，在未来的教育生态中，人机共存将成为一种可以预见的教育模式，智能出题、智能批改、智能阅卷、智能辅导，以及个性化评价报告的自动生成都将成为常态化的教学应用，助力教师突破传统的教师角色，转变为智慧型教师。人工智能能够利用这种模式能够为教师在教学过程、教学管理、教学评价等方面提供全方位的支持。

1. 教学过程

传统教学中，课堂讲授、答疑辅导、作业批改等工作都由教师亲自完成，这些工作占据了教师大量的工作时间，但是人工智能技术的发展能够将教师从这些传统、重复、机械的工作中解脱出来，使得教师有更多的时间投入到真正的教书育人活动中。人工智能时代，课堂教学中的辅导答疑任务可以由虚拟代理来替代，作业批改可以由学习伙伴或系统来支持。IBM和美国乔治亚理工学院一起开发的人工智能助教 Jill Watson 模拟戈尔（Goel）教授的助教在网上进行了五个月的答疑，不仅回答问题及时，而且正确率达到 97%。它可以在不需要任何人工帮助的情况下与学生进行直接沟通，这被认为是教育智能化的一个标志性事件。基于人工智能的辅助，教师的工作将进一步聚焦于更复杂、更富有的情感以及创造性的"育人"活动中，最终实现教学效果的最优化。

教育机器人作为人工智能与教育结合发展的产物之一，在教育教学中的应用也越来越普遍。首先，教育机器人作为创新学习环境的一部分，可以有效培养和发展学生的计算思维，提高学生的高阶思维能力，既能减轻教师的工作负担，又能帮助学生解决复杂问题。其次，教育机器人具有多学科性质，助力教师更高效地开展 STEAM[①]教育，协助教师实现工程和技术概念的真实应用，将现实世界中的科学和数学概念进行具体化，有助于降低科学和数学的抽象性，从而帮助学生更好地理解科学、艺术、技术、工程和数据等方面的知识。

2．教学管理

传统的教育体系中，教师不仅要完成课堂中知识讲授的任务，还需要时刻关注学生的日常表现、心理变化、家庭情况等方面，从而为每一位学生提供个性化的教学服务。人工智能时代，智能机器及大数据技术能够采

---

① STEAM 是以下五个单词的首字母，即 Science（科学）、Technology（技术）、Engineering（工程）、Art（艺术）、Mathematics（数学）。

集学习者的全样本、全过程数据，分析计算每位学习者的学习心理和外在行为表现特征，绘制学习者画像，帮助教师精准把握学生的认知结构、能力结构以及情感特征，从而为每位学习者的个性化学习以及教师的教学管理提供服务。此外，人脸识别、情感计算等技术与智能管理系统的结合应用，使得对学生在校园内学习、生活、管理等数据的采集更加全面，为教师进行科学化的教学管理奠定了基础。

在实际应用中，具体的智能师生管理过程是：第一，利用 AI 代理收集学生对教师发布微课的评论、点赞数，学生对老师的私信数，对教师公告信息的回复数，学生间相互作业批改、相互提问以及私信数等互动数据。第二，利用 AI 助手对原始互动数据进行加工，获得标准化的师生互动数据，并进行师生画像，构建该校的师生社交网络；在该网络中，师、生以节点表示，不同节点间的连线表示不同的师生、生生互动关系，节点连接数与连接比例可表示互动的积极程度。第三，通过 AI 助手，利用图挖掘算法找到社交网络中最具影响力的学生与老师，计算出师、生的影响力指数。第四，根据可视化的师生、生生关系，以及数量化的师、生影响力指数，该校管理者在 AI 助手的支持下做出相应的教育管理制度调整，如针对影响力指数较大的前 5 位教师进行试管理：建立相应的激励机制，大力加强教学推进工作；建立相应教学资源调控制度，合理规划资源并提升教学效果；建立相应的校内师生申诉制度，及时反馈并解决教学困难。随后的调查结果显示，5 位教师所教班级学生的平均成绩在全校排名上均有所提升，说习该智能管理系统发挥了应有的作用与价值。

3. **教学评价**

教学评价是教学实践中的重要环节，但传统教学评价大多侧重于以经验和成绩为导向的结果性评价，缺少数据支撑，导致评价结果不全面、不科学。随着人工智能在教育中的结合应用，首先，优化了数据收集、处理、分析、可视化以及应用等环节，推动教学评价逐渐走向数据化、科学化、多元化。其次，提升了教学评价的智能性，各种智能评价系统被引入教学评价中，提升了评价的准确性与全面性，并能够给予学生即时的反馈与指导。人工智能技术应用于大规模考试，已积累了不少成功案例，如科大讯飞公司开发的智能评分系统已被应用于广东高考英语听说考试、江苏省初中英语听力口语自动化考试等，并取得了良好的效果，实现了考试和评分的自动化。此外，批改网作为目前国内运用最为火热的计算机自动批改英语作文在线系统，能够自动扫描学生作文的各种参数，包括自动识别词汇、搭配、语法等常见的错误，自动给出评分、评语及修改意见，并为学生提供知识点的拓展练习、搭配推荐等，实现更精准客观的判断和点评。

自动化口语评价运用语音识别等技术，实现了多种语言口语语音的自动化测试与评价。在实际应用中，设计出了基于移动智能终端和测评云服务的口语学习系统架构，其中声学模型和语言学模型是语音识别的关键。该引擎可以用于提高发音的可靠性、语法的熟练度和交际的流利程度。基于该系统的输出，使用自然语言处理和语音处理算法来计算在许多语言维度上定义语音的一组特征，包括流利性、发音、词汇使用、语法复杂性和韵律。然后将这些功能的模型应用于英语口语测评，最终得出分数并提供反馈建议。自动化口语测评系统能够为教师和学生提供即时反馈，保证测评结果的客观、一致、高效，极大地减轻教师的负担，并为教学决策提供真实可靠的依据。

（三）为管理者制定决策提供数据化支持

人工智能为管理者进行教育管理与决策提供支持，主要体现在两个方面：一是借助人工智能实现自动化管理。比如，在校园安全方面，通过人脸识别、物联网等技术既可以控制校外人员进出学校，又能够实时监测校园内学生的学习生活情况，在第一时间发现问题、解决问题。二是借助人工智能实现智慧管理以及基于数据驱动的教育决策，利用大数据技术全面采集学生从入学到毕业的全过程数据，能够动态计算、监测学生的学习问题，为教师动态调整教学策略、制订教学计划提供支持。在此基础上，进一步汇聚学校各方面的发展数据，包括教学数据、管理数据、科研数据、评价数据以及学校发展数据等，为学校管理者在招生、教学、师资、发展以及评价等方面的决策提供支持。

人工智能在教育管理方面的应用主要包括教育决策系统（Educational Decision System)、教师管理、学生管理和校园安全管理。其中，教育决策系统由人工智能与决策支持系统相互结合，主要利用分析模型来分析教育管理系统中的所有教育大数据，为教育管理者的决策提供支持。教师管理和学生管理主要依托智能管理教学平台对教师教学的数据和学生的学习数据进行收集、分析、可视化，进而实现对教师和学生的高效管理。校园安全管理主要是系统通过学校日常的设备、学生心理等数据，进行监督和分析，为学生的身心健康发展提供"绿色"保护伞。这类决策分析服务的原理主要是基于用户教育管理数据、行为数据及相关行业数据，利用 BI（Business Intelligence）分析、业务建模、数据可视化等技术手段，实现对管理决策活动的数据支撑，并提供监控、模拟和模型预测等功能。

第二章　智能教育背景下的高校建设

第一节　人工智能时代的高校发展的基本问题

一、学校的存亡

关于学校存亡的讨论，源于 20 世纪 20 年代后期，当时为了满足社会主义建设的需要，在恩格斯的劳动创造人的思想以及威廉·赫德·克伯屈（William Heard Kilpatrick）的设计教学法等的影响下，苏联出现了学校前途预测理论。该理论包括三个基本观点。一是在共产主义社会，学校将伴随着国家的消亡而消亡，年轻一代的教育和教养将被各种形式的校外工作所取代。人参与社会生活的过程，就是接受教育的过程。二是强调学生应在生产劳动和生活实践中自发学习。三是提倡以工人农民为师，以各种专家为师。美国教育思想家伊万·伊利奇（Ivan Illich）在《去学校化社会》（《*Deschooling society*》）一书中，不仅指出学校已经成为一个社会问题，它正陷入四面楚歌之中，而且主张创立包括自由的教育理念、平等的教育机会、开放的学习网络的全新教育制度。[①]在伊利奇看来，废除学校将是不可避免的，并且其发生过程也将是异常迅猛的。人们无法阻止其发生，但也不必加剧这一过程，因为这一过程已在进行之中，值得我们做的是，努力使它朝充满希望的方向发展。伊利奇相信，未来的教育方式应当是在全球范围内形成一个网络组织，也就是一个非学校化的社会。其目标

---

① 伊利奇. 去学校化社会[M]. 吴康宁，译. 北京：中国轻工业出版社，2017.

是创建一种"易于使用的新的网络"，也就是所谓的"机遇因特网"，其基本内容包括四个"学习通道"（或者说"学习网"），分别是学习资源网、技能互换网、伙伴匹配网、专业教育者网。我国教育学学者王毓珣在《教育学视角下的未来学校》中提出，传统的学校正在走向消亡，替代它的将是未来学习中心。当然，关于学校走向消亡的论断，只是极少数人的意见。

持学校独存论者认为，几个世纪以来，在技术的拉动下，人类社会发生了翻天覆地的变化，但教堂与学校没有发生革命性变化。这是因为学校是教育人、塑造人心灵的场所。教育是心灵与心灵的沟通，灵魂与灵魂的交融，人格与人格的对话，这就意味着教育只有在人与人之间的现实沟通、交往中才有可能实现。德国教育家卡尔·雅思贝尔斯（Karl Theodor Jaspers）在其著作《什么是教育》（《What is Education》）中给教育下了这样一个定义："所谓教育，不过是人对人的主体间灵肉交流活动（尤其是老一代对年轻一代），包括知识内容的传授、生命内涵的领悟、意志行为的规范、并通过现存世界的全部文化导向人的灵魂觉醒之本源和根基。"[①]联合国教科文组织在 2015 年发布的《反思教育：向"全球共同利益"的理念转变》报告中则提到：学校教育的重要性并没有削弱。学校教育是制度化学习和在家庭之外实现社会化的第一步，是社会学习（学会做人和学会共存）的重要组成部分。学习不应只是个人的事情。作为一种社会经验，需要与他人共同学习，以及通过与同伴和老师进行讨论及辩论的方式来学习。可见，人的培养，是无法完全依靠技术的。

事实上，在未来，学校不会消亡，只要人类社会存在，学校一定能够存在，只不过这里所指的"学校存在"不是独存，而是顺应时代的发展变

---

① 卡尔·雅思贝尔斯. 什么是教育[M]. 陈巍，卡尔·克拉茨，译. 上海：上海人民出版社，2022.

化而作出相应的调整与变革的共存。第四次工业革命使教育生态发生了巨大的变化，学习环境在变，学习内容在变，学习方法在变，学习手段在变，学习时间在变，学习空间在变，教学方式在变，评价制度在变，师生关系在变，学校管理在变，学校也必须进行改变。未来高校必须依据时代的发展、科技的进步、人类的需要与个体的潜能，走向人机共存、人机共融的智能时代。

与之相关的，当下还有关于未来教师存亡的争辩。其实，这是与学校存亡相关度最大的问题。既然学校依存，那么教师自然仍在。科技永远不能取代教师，我们能做的是减轻教师的负担，同时可以利用科技来做教育的深入分析，从而让教师把时间用在启发学生的创造性和人性上。联合国教科文组织在《反思教育：向"全球共同利益"的理念转变》中也否定了教师消亡的预测：某些人起初预测，教师职业注定会逐步消亡，新的数字技术将逐步取代教师，实现更广泛的知识传播，提高知识可获得性，最重要的是在教育机会急速扩张的同时节约资金和资源。但我们必须认识到，这种预测已不再令人信服，数字技术不会取代教师。网络技术、数字技术、人工智能不会完全取代教师，但会成为教师教育教学的最佳助手，不仅能够减轻教师重复性的简单劳动，而且能够提供精准及时有效的反馈，实现捷克民主主义教育家扬·阿姆斯·夸美纽斯（Johann Amos Comenius）的理想——寻求并找出一种教学的方法，使教师因此可以少教，但是学生可以因此多学，使学校因此可以少些喧嚣、厌恶和无益的劳苦，多些闲暇、快乐和坚实的进步。

二、高校的特征

智能技术与高校建设的融合，将使高校呈现出教育环境智能化、课程资源多样化、教育教学智慧化、教育评价多元化、校园管理数字化等特征。

（一）高校的教育环境智能化

随着人工智能等技术在智慧校园环境建设过程中的应用逐步成熟，校园中的教育、学习、生活行为都将更加智能化。人工智能等技术为高校教育教学提供了智能化环境保障，为教育教学活动实现人机智能交互提供了支持。高校可以利用扩展现实技术实现现实空间和虚拟空间的无缝融合，同时基于人工智能技术作为智能学习引擎，提升支持多样化学习需求的智能感知能力和服务能力，实现以知识泛在性、社会性、情境性、适应性、连接性等特征为主要核心功能特征的泛在智能学习。

（二）高校的课程资源多样化

课程资源是指在课程目标的指引下，通过筛选、整合、充实到课程内容中并保障课程活动顺利进行的各种有形的人力、物力、自然资源，以及无形的知识结构和经验。在人工智能时代，高校大部分的课程资源都是可以通过数字化方式实现存储的。高校的课程、教材，以及其他配套的资源，空前丰富，形式更加多样化，包括复杂的、系统的和标准的资源，都将被纳入课程中，以智能化的、可接受的形式传授给学生。每位学生在享受个性化、智慧化学习过程的同时，也可以通过智能技术创造新的资源，实现教育资源的最大化，从而实现教育的最终目标。

（三）高校的教育教学智慧化

高校教育教学智慧化主要体现在以下几个方面：①教学的沉浸性。高校的教学环境可以应用虚拟现实技术，建立虚拟实验室，开展沉浸式教学；②教学的个性化。通过大数据分析，教师可以了解每个学生的具体学习情况，并根据不同学生的特点，开展教学设计，实现对每位学生的个性化指导；③教育的智能化。人工智能可以将教师从繁杂的日常工作中解脱出来，让教师集中精力于教学设计、能力培养、学习指导和全面评估，从天更好地运用技术进行教学。

（四）高校的教育评价多元化

人工智能时代的高校，其智能教学环境可以实时地采集和存储教育教学中大量的数据，并对其进行实时分析，从而使教育教学的整个过程得到全面的可视化呈现，使教学活动、教师教学、学生学习等得到客观、全面、及时的评价。人工智能时代的教育评价在技术的支持下，逐步实现动态评价与静态评价、过程性评价与终结性评价相结合。基于大数据的学生综合素质评价，可以实现学生自评、同伴互评、教师助评、家长参评等多元评价主体参与，通过定性评价与定量评价相结合，提高评价的信度和效度，使教育评价更加科学、客观、全面。[①]

（五）高校的校园管理数字化

人工智能技术既为高校的教学环境、教育资源的数字化提供了基础，也促进了高校管理和服务方式的创新。在人工智能时代，数字校园基本建成，校园管理智能平台将高校的固定资产、财务、学生、教师、安全、课程等管理流程进行优化，并将其转化为一套完整的数据，从而实现校园管理的一体化，极大提升了管理的效率。同时，人工智能技术将完全融入教育、教学和制度文化之中，推动数字校园管理工作更加智慧化、规范化、人性化。

---

① 邢西深. 迈向智能教育的基础教育信息化发展新思路[J]. 电化教育研究，2020，41（7）：108-113.

三、高校的形态

人工智能时代高校的形态特征是学生可以通过随时随地的互联互通，实现个性化学习，教师将是学生学习的引导者和促进者。借助于人工智能技术的融合创新，高校的表现形态从教育时空到组织结构再到具体的教学服务将发生一系列变革。

（一）虚实交融的泛在时空

未来的高校将会是一种虚拟与现实相结合的泛在空间。未来的校园空间将会包含虚拟校园空间（即虚拟高校），以及在特定的时间和空间中的物理校园空间（即实体高校）。事实上，自从学校诞生以来，它就是一个有形的学校。然而，在技术的支持下，许多学校已经突破了传统物理空间的藩篱。例如，美国的 AltSchool 学校，整个学校的运作，就是建立一个不断更新的网络平台；法国的 Ecole 42 学校，是一个在线网站与学习中心的统一体；还有美国在 2014 年由线上转到线上和线下相结合的可汗实验学校。未来，虚拟高校将把自己定位为社会基础设施，是由全体公民共同参与、共同管理的高校组织形式，可以为学生提供全方位的教育服务。虚拟高校将担负起传统高校知识教育的主体责任，同时以个体为主的自主学习、个性化学习、继续教育等也将在虚拟高校中进行。

当然，实体高校也依然会存在，但会发生一系列的变化。传统实体高校的教学空间主要是教室，但现在某些实体高校已经发生了变化，如瑞典的 Vittra Telefonplan 学校，整个校园都在进行创意的空间布局，将传统的课堂变为多种开放的学习场所，包括学习区、休闲区、探究区等多种功能区域。在人工智能技术的支持下，未来实体高校的教学空间将发生一系列的变化。例如，温度、湿度、亮度、色彩、照明等都可以按照使用者的需求和偏好来进行个性化的设计；教室布置可以依据个人的生理和心理需求进行灵活调整；教学资源将不再局限于纸质教材、教辅等，而是包含丰富的数字化学习资源，并可以根据学生的个人学习情况进行个性化推送。

在未来，实体高校将会成为培养学生高阶思维能力的重要平台。换而言之，实体高校将以学生在虚拟高校中的学习情况为基础，促进学生深度学习和合作探究学习，以培美学生整体思维、批判性思维、创造性思维等高阶思维能力。同时，虚拟高校可以随时为学生提供教学服务，而学生可以根据自己的个人喜好和地理位置选择合适的实体高校。由此可见，未来虚拟高校和实体高校会根据每个学生的学习需要，进行灵活的混合使用，形成一个螺旋状的、适合每个学生的泛在高校。

（二）人机融合的协同系统

未来高校以高校虚实结合的泛在时空为基础，拥有人机融合的协同系统。人机融合的本质即人、人工智能及环境之间的共存，主要指向人与人工智能及环境之间的高度融合，不仅关乎人工智能对于人类机体能力、认知能力的提升，而且关乎人类对于人工智能感知、情绪认知等能力的提升，是一种人与人工智能与环境的融合共生状态。人机融合为协同系统，如图 2-1 所示，主要是指教师、学生、人工智能和学习内容之间的相互作用，几者之间存在着积极和消极的交互作用，或加强或压制，四位一体促进了高校教育的发展。

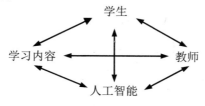

图 2-1   人机融合的协同系统

在人机融合的基础上，高校结构体系可以在一定程度上满足高校教师和学生对高校教育时空、教育资源、教育媒介等的个性化需求，同时也可以为教师和学生提供相关服务。在人工智能和大数据的支持下，未来高校的管理者可以准确地掌握教师和学生的教学和学习路径，并为教师进行个性化教学提出准确的指导意见，为学生的个性化学习提供更精准的服务。同时，随着人机融合的进一步深化，高校本身也将处于持续的学习过程中。将来，高校不仅是人类学习的场所，同时也将成为人工智能学习的场所，使人工智能在提供服务的过程中不断学习、更新。基于学生、教师、人工智能、内容四个要素的交互，人工智能可以记录下每个交互要素的个性化需求，并根据每个交互要素的反馈不断更新。

（三）个性化学习的服务形态，

未来高校将为大众提供基于学生个性化学习的高校教育服务。

首先，未来高校将在学生个性化学习方面，提供各种学习资源服务。在此基础上，高校在大数据和人工智能等技术的支持下，将为学生、教师、家长等提供高质量的个性化服务，通过记录高校中每一位教育参与者的发展进程，来优化未来高校的业绩评估与学生的学业评价，以及促进教师的专业发展和高校深入合作。

其次，未来高校的课程与教学将基于学生的个性化学习从统一设置转向个体创生。随着教育的全球化，高校的教学资源将会更加丰富和优质。全球名校、名师、优课都将可能成为每个学生的课程学习资源。课程发展将不仅是国家、高校的责任，社会各类机构也会加入课程研发的行列中，高校的课程外包也会是一种常态。在计算机技术与虚拟现实技术相结合的基础上，课程形式将会更加多元化、更加真实、更加贴近学生的日常生活。综合课程、活动课程、探究课程等都将是今后主流的课程形式。学生可以根据自己的喜好，自由地选择自己喜欢的课程。随着人机交互技术的深入发展，高校教学在今后的发展中将进入"深度学习"。它将从单纯的课堂授课和独立的探索转向以学生个人学习需要为基础的多元教学模式，采取虚拟网络的线上教学与传统的线下授课相结合的方式。在此基础上，基于人机交互的交互技术，实现了教师和学生之间的互动，并对其进行了进一步的优化和智能化，实现了对未来教育的个性化创造。

最后，未来高校的师生关系将基于学生的个性化学习，从以教师为主导的师生关系建构走向以学生为主导的师生关系建构。在未来高校中，学生面向两类教师：智能教师与实体教师。智能教师将取代实体教师的部分知识教授工作，但这并不意味着实体教师不需要相应的知识基础。在人机共教的未来高校，机器不会取代教师，但其给教师角色带来了挑战。在未来高校，实体教师的工作将基于知识教授之上，致力于促进学生更高阶学习的发生和更高阶思维能力的发展。而学生也可以基于自身的学习需求与学习进程选择相应的教师，接受相应的教授与辅导。

第二节　人工智能时代的高校环境建设

　　人工智能时代的高校环境具有自然交互、情景感知、主动适应、虚实融合、远程协同、数据驱动、智能管控、人机融合等特征。"智能"是其最显著的体现，它可以基于上述特征，在基础设施、教学内容、教学活动、信息资源等方面实现以人为本的智能化改造：通过互联网的连接，建立一个虚实融合的生态系统；通过技术与教育的深度融合来最优化地提高教学、生活质量，构建促进学生全面发展的现代化成长环境。[①]人工智能时代的高校环境改造体现在智慧校园建设方面，主要包括建设智慧教室、智慧备课室、智慧语音室、春慧实验室、智慧图书馆等功能室。下面，以智慧教室、智慧实验室和智慧图书馆这三类典型智慧环境建设为例介绍人工智能时代的高校环境。

一、智慧教室

　　教室是教与学活动发生的主要场所，对学生知识建构和情感培养有重要的作用。教室也是教师与学生之间建立直接联系的桥梁，是践行教学理论与方法、开展教育研究的重要环境，更是长久以来各类教育教学活动开展的主要场所。智慧教室是一种典型的智慧学习环境，它是借助人工智能等技术构建起来的新型教室，包括有形的物理空间和无形的数字空间，通过各类智能装备辅助教学内容的呈现、丰富学习资源的获取途径、促进课堂中师生互动，实现情境感知与环境管理功能。智慧教室的目标是提供人

---

① 余胜泉，王阿习."互联网＋教育"的变革路径[J]. 中国电化教育，2016（10）：1-9.

性化、智能化的互动活动，将实体和虚拟相结合，实现局部环境和远距离环境的融合，加强人与学习情境的联系，促进个性化学习、开放式学习和泛在学习。在人工智能的基础上，结合物联网、大数据、学习分析等技术，可以有效地拓宽教学环境，通过完善课堂环境设备、重构课堂教与学结构、建立全覆盖式管理系统，更能满足学生的个性化、全面化的发展需求。智慧教室在今后的教育改革中具有很大的潜力，但仍需要不断探索和拓展。

一般的智慧教室能够充分体现"以学为中心"的教育理念，教室的设计与空间布局着重围绕加强学生交互、开展灵活性的教学活动与学习活动、帮助学生学习等。智慧教室建设将先进的科学技术与现代教育理念相结合，在教学理论上以系统理论、学习理论、教学理论、传播理论等为指导思想；在空间设计上注重教室（学习）空间的灵活性、舒适性，重视感官刺激，强调学习空间色彩、布局等方面的重要性，强调学习空间要能够支持共同学习和知识共建。智慧教室的各种设备不是随意安放在教室中的，而是充分考虑了温度、光线、湿度等因素，并随学习内容、学习活动的变化而改变。课桌可以随意移动和拼接，教学形式更加多样化、和谐化、智能化等。智慧教室需要高端技术的支持，必须配置交互式智能一体机、录播系统、应答系统、教育云平台，并且人手一台平板电脑，这样能检测学生的学习进度，做到实时反馈、智能判断与分析，进而推送教学资源，实现学生的个性化学习。

具体而言，智慧教室具有以下特征：①打破传统教室格局，空间设计感和未来感强，喜有创意。②设施先进齐全，具有智能化、人性化的特征，且交互性、可持续性强，便于更新和维护。③高速无线网络覆盖，资源丰富、开放，易于获取和共享。④教室功能多元化，适应性强，适合不同的教学方式。⑤桌椅等设计符合人体工学，安全环保，有益于人体健表。

⑥有完备的安全保护系统。

总的来看，智慧教室主要包含以下三个系统。

（一）环境感知与管理系统

环境感知与管理系统是以物联网技术为基础，整合课堂内硬件设施及设备，建立统一自适应、调控的课堂管理系统。其主要是利用传感器感知空间环境及空间中人与事物为行为、状态，通过智能化识别与分析各环境要素的指标，如空气、湿度、温度、光线等，将其调节至促进学生学习活动的最佳状态，并加以维护。例如，光环境感知与管理系统利用高精度光感头，可以有效地检测环境光，并调节室内灯光的亮度，使其保持在最适宜的状态，并能通过云端可视化平台对其进行监控和设置。

（二）多屏交互显示系统

课堂多维信息可视化呈现是智慧教室所应具备的重要功能。智慧教室的多屏交互显示系统不仅能够将课堂信息和教育资源清晰、直观地呈现给学生，还能够根据学生的认知特征协助学生理解任务、建构知识、协作交流。其中的分屏技术有利于协作学习活动的开展，促进师生间、学生间的高效互动，实现学习过程及阶段成果的实时共享。

（三）学情分析与管理系统

学情分析与管理系统利用大数据技术对学生的学业表现进行检测、分析、反馈，依据知识点所对应的不同课程的教师的教学行为，诊断教师的课堂教学行为是否有效及课堂教学行为对教学的影响等。

智慧教室在国内已经开始普及，以华南师范大学为例，该校建设的青鹿智慧教室分别是新师范创新学习空间和教师教学技能实训中心，前者设有新创业教室、跨校区互动教室、通识课程教室和精品课程录制教室，后者设有教学技能实训室、教学技能研讨室与观摩室。在项目整体设计上，装修风格简约大方、色彩明亮，灯光、家具皆可调至最佳舒适度。在教室里，教学设备先进、智能，借助物联网技术，教学设备可一键开关，师生无须被复杂的设备管理束缚，教室实现自带设备（Bring Your Own Device，BYOD），满足师生自行携带设备便捷接入，同时可实现 6 个小组的多屏互动教学场景，实现了线上、线下教学活动融合，助力教师探索新型教学模式，开展新型教学活动。智慧教室，处处调动着学生为学习热情，激发着教师的教学灵感。

国外智慧教室建设也在不断发展，以美国为例，美国的智慧教育起步早、普及广、技术先进，做到了融合式教育。2014 年，智慧教室在美国已经基本普及。美国高校的教室几乎都配备有电脑、投影仪等设备，学生也都有平板电脑，可在机房或普通教室使用。我国的教育信息化建设是从硬件起步的，而美国则是软硬件同步发展。美国高校的电脑上各种软件一应俱全，均为学校付费，师生可免费使用。从教学第一天开始，教师就要使用电脑和其他各种电子设备上课，电子化教学已完全融入教学的每个环节。学生自小学一年级起每周都有专门的电脑课，教师教学生操作电脑、使用各种软件、用电脑学习或找资科、使用在线图书馆等。

二、智慧实验室

在传统实验室的基础上，智慧实验室将信息技术、机器视觉和模式识别技术相结合，集业务系统、中台管理系统、智能预测系统于一体。智慧实验室可以实现对实验人员进行身份识别、对实验室进行智能化配置、对实验室运行状况进行实时监测、对实验室的仪器进行远程遥控。智慧实验室也是一个很好的教学基地，实验室中应用了智能化技术，可以有效地改善实验室的环境，提高设备的利用率，强化各个部门的合作，增强学生的认知和实践能力。

智慧实验室中的数字化实验系统利用传感器，能够探测和感受外界的信号、物理条件（如光、热、湿度、温度等）或化学组成，并将探知的信息转化成数字信号输出，弥补传统实验的缺陷，充分体现了数字化实验系统集数据记录、数据分析和自动控制等功能于一体的优势，实现了实验数据采集的数字化和自动化、数据处理和数据分析的智能化，很好地解决了传统实验中"定性实验多，定量实验少；验证实验多，探究实验少"的问题。智慧实验室为有效实现信息技术与科学教学的整合提供了新的平台，为学生探究科学规律提供了新的契机。在智慧实验室中，通过使用不同的教学资源能够灵活地开展多种类型的教学活动和实验活动，如高精度实时采集数据、数据可视化呈现、自动记录数据、分析处理数据、辅助生成实验报告、教师演示实验、分组实验、分组讨论、传统学习活动等。智慧实验室环境主要由传感器、数据采集器、信号发生器、实验设备、计算机和数据采集分析软件系统构成。

智慧实验室一般兼顾学科特征，考虑不同实验的功能需求，根据实验人数、实验室空间标准、设备标准等要求，设计智慧化的物理实验室、化学实验室、生物实验室和数学探究实验室等。此处以数学探究实验室为例进行介绍。数学探究实验室以图形计算器为核心，融合了其他相关教育技术和产品，如计算机、投影仪、数据采集器、传感器（物理、化学、生物等）、课堂管理软件、教学云技术服务等，并兼具灵活方便的可移动特征。实验室中的计算机代数系统可实现推理，体现思维过程；实验室中的动态几何通过抓移、旋转、采集数据、拼接等动作，可进行多维分析，猜想结论；实验室支持构建模型、随机模拟实验等，联系课堂知识与实际生活，帮助学生理解实际生活中的现象。

数学探究实验室以"图形计算器＋传感器＋数据采集器"为构建要素，秉持数学建模思想，通过图形计算器与物理、化学、生物传感器的连接，实现对更广泛学科知识的综合探究。其表现为要求学生提出假设、采集数据、建立模型、得出结论，在实验过程中通过运用图形计算器的图形、数据分析等功能，展现、拟合并验证实时实验数据。数学探究实验室的编程软件能帮助学进行自主编程，包括联系生活中的数学图形、利用日常数据进行数学推理和探究等，并将编程结果模块化及进行二次开发，能更有效地节约时间，同时提供不同的研究思路，从而方便其他学生在现有主题探究基础上进行再探究和再创新。

三、智慧图书馆

智慧图书馆是指把智能技术运用到建设、管理中的图书馆，它是以人机耦合方式实现便捷服务的高级图书馆形态，以人的智慧和物的智能相结合为特征，以智能技术和智慧投入的融合为途径，以贯穿整个运行流程的数据为核心链接，最终实现图书馆高效服务与管理。智慧图书馆一般具有数字图书馆信息采集、信息管理与信息服务平台，可以实现馆藏文献存储的数字化、知识服务的智能化、馆际资源共享的最大化，包括资源数字化加工、信息智能采集与整合、信息内容管理、信息发布与全文检索、智能感知、个性化信息服务等应用系统。

智慧图书馆具有三大特点：①智慧互联，实现信息的全面感知、人—馆—书的立体互联、图书馆—馆员—读者之间的共享协同，实现馆馆相连、网网相连、库库相连、人物相连。②智能高效，实现馆建、藏书等方面的节能低碳，实现感知和应对危机的灵敏便捷，实现跨应用、跨区域、跨平台的整合集群。③快捷便利,实现无线泛在的借阅服务,实现同一空间一体化的阅读学习,实现图书馆一馆员一读者之间个性化、智能化互动。

当前智慧图书馆正在大量引进机器人图书管理员,机器人图书管理员可以按照阅览区需求定制,可满足读者咨询解答、馆藏书目检索等需求。针对开馆时间、借阅证办理、借阅规则等日常问题,读者只需要向机器人图书管理员直接语音询问,它即可作出相应回答。借书、还书均可通过机器人图书管理员自助办理。甚至,机器人图书管理员可以使图书馆实现无人值守,24 小时开放。智慧图书馆门口设有实时数据显示屏,可统计每天的到馆人次。如果读者拿的图书没有办理借阅手续,在路过门禁时,系统就会报警,自动门也不会打开。如果遇到特殊情况,则可通过紧急报警系统联系管理员。

德国等一些欧洲的大学图书馆,最先开始研究智能机器人在图书馆的应用,之后其他图书馆也开展了进一步的研究。德国学者提出基于智能聊天机器人构建个性化推荐系统,通过分析用户注册信息和使用历史建立可动态调控的初始用户模型,聊天结束时可以向用户提供个性化推荐服务。图书搬运机器人在德国柏林洪堡大学和日本大阪市立大学的图书馆得到了成功应用。图书自动存取机器人能够实现自主导航和定位,完成图书上下架等操作,具有代表性的是美国约翰斯·霍普金斯大学研制的面向异地图书存取的机器人:当读者请求异地馆藏的图书时,一个机器人从书架上检索图书并将其送给另一个自动翻页机器人,自动翻页机器人将根据读者需求翻转书籍并扫描。

第三节 人工智能时代高校的人才培养与发展

人工智能是引领新一轮科技革命、产业变革、社会变革的战略性技术，正在对经济发展、社会进步、国际政治经济格局等方面产生重大深远的影响。培养和汇聚具有创新能力与合作精神的高层次人才，是高校的重要使命。未来，高校建设的核心任务是将人工智能等新技术与教育改革的核心目标相结合，真正建立以学生为中心的人才培养模式。

一、高校人才培养

如何培养学生 21 世纪核心素养，已成为世界各国教育所共同关注主题。经济合作与发展组织教育发展顾问安德烈亚斯·施莱歇尔（Andreas Schleicher）指出，21 世纪的学生需要习得的核心素养涵盖了知识、技能和个人品质，具体内容包括创造力、批判性思维、问题有效解决、创新、协作、数据信息搜集与人际沟通等各个方面的核心能力。在当前新形势下，各个国家和政府都开始重新审视人才培养发展目标，对学生所需的核心素养作出了明确的指示。

2002 年，美国教育部连同苹果、思科、戴尔、微软、全美教育协会等有影响力的私有企业和民间研究机构，成立"21 世纪技能伙伴协会"，简称"P21"。该协会主要系统研制适应信息时代和知识经济所需要的"21 世纪技能"，这样界定"21 世纪技能"：远超出基本的读、写、算技能，主要目的在于如何将知识和技能应用于现代生活情境。同时，该协会将"21 世纪技能"进行整合，制定了"21 世纪技能框架"，该框架由"核心学科与 21 世纪主题"和"21 世纪技能"两部分构成。前者侧重知识，后者侧重技能，二者相互依赖，彼此及融。学习、信息和生活技能，唯有与核心学科知识建立联系的时候，才能产生意义。反之，核心学科知识唯有通过技能获得的时候，才能被深入理解。"21 世纪技能"包括三方技能，它们之间相互联系，具体而言：①学习与创新技能，包含"创造性与创新""批判性思维与问题解决""交往与协作"三种技能。②信息、媒介和技术技能，包含"信息素养""媒介素养""信息通信技术素养"三种技能。③生活与生涯技能，包含"灵活性与适应性""首创精神与自我导向""社会与跨文化技能""生产性与责任制""领导力与责任心"五种技能。

2006 年，欧洲议会和欧盟教育理事会通过的《终身学习的关键能力：欧洲参照框架》报告指出：基础教育阶段需要重点培养学生的能力主要包括母语交流能力、外语交流能力、数学能力和科学技术基本应用能力、数字化学习能力、学会学习能力、社会和公民能力、首创精神和创业能力、文化意识和语言表达能力等八种，并已作为教育的核心。①

2014 年，新加坡教育部发布的《新加坡学生 21 世纪技能和目标框架》中将核心技能分为三个层次。第一个层次是居于中心位置的价值观。价值观是知识和技能的基础，决定一个人的性格特点，塑造一个人的信仰、态度和行为。第二个层次是居于中间环节的社交和情感技能，它帮助学生识别和管理情绪、学习关心他人、作出负责任的决定、建立积极的人际关系，以及有效处理各种挑战。第三个层次是居于外环的全球化技能，包括公民素养、全球化意识和跨文化技能、批判性和创新性思维、沟通与合作能力、信息技能。

2016 年，《中国学生发展核心素养》研究成果发布，该成果是教育部委托北京师范大学，联合国内高校近百位专家成立课题组，历时 3 年完成的。

---

① 王素，曹培杰，康建朝，等. 中国未来学校白皮书[R]. 北京：中国教育科学研究院未来学校实室，2016：2-3.

《中国学生发展核心素养》中指出：中国学生发展核心素养，以培养全面发展的人为核心，分为文化基础、自主发展、社会参与三个方面，综合表现为人文底蕴、科学精神、学会学习、健康生活、责任担当、实践创新六大素养，涵盖了理性思维、批判质疑、勇于探究、信息意识、国家认同、国际理解、问题解决等 18 个基本要点。

2020 年，世界经济论坛发布的《未来学校：为第四次工业革命定义新的教育模式》报告中提出，"教育 4.0"要求学生为未来社会经济生产作贡献并对未来社会负责，这需要学生在学习内容转变上具备四个关键特征：全球公民技能、创新创造技能、技术技能和人际关系技能。以上这些关键特征能够构建和提高学生的基本技能，对解决新工业革命时代未来社会的需求至关重要。向"教育 4.0"过渡不仅需要合适的学习机制、学习技术，还需要学习经验的转变。学习经验和学习内容的转变并不相互排斥，学习经验转变有四个关键特征：①个性化和自定进度的学习。②可及性和包容性学习。③基于问题和协作的学习。④终身学习和学生自驱动的学习。[①]在新一轮科技与工业革命的大背景下，世界各国关于 21 世纪核心素养的广泛共识已经充分表明：全球教育变革势在必行，高校教育将迈入一个面向未来的全新时代。

2022 年，中国共产党中央全面深化改革委员会（以下简称"中央深改委"）审议通过《关于加强基础学科人才培养的意见》，首次以中央文件形式对基础学科人才培养进行谋划和设计。深入推进基础学科拔尖学生培养计划，依托 77 所高水平大学累计建设 288 个基础学科拔尖学生培养基地，共吸引 3 万余名优秀学生投身基础学科。推进实施计算机、数学、物理

---

① 王永固，许家奇，丁继红. 教育 4.0 全球框架：未来学校教育与模式转变：世界经济论坛《未来学校：为四次工业革命定义新的教育模式》之报告解读[J]. 远程教育杂志，2020，38（3）：3-14.

学、化学、生物科学、基础医学、中药学、经济学、哲学领域教育教学改革"101 计划",加强核心课程、核心教材、核心实践项目和核心师资队伍建设。

经济合作与发展组织发布的《2019 年就业展望报告》中指出,在未来 15~20 年里有 14%的工作岗位面临着完全被自动化技术替代的风险,32%的工作岗位可能在未来几年发生重大变化。根据世界经济论坛发布的报告显示,近年来,数据经济分析师、数据科学家、人工智能、工业机器人等领域人才大量涌现。随着经济社会的发展,社会对人才的专业技能结构及需求逐渐发生变化,新兴的职业工作岗位对人才的要求往往不同于一些传统职业,很多职场从业人士需要花费更多的时间和精力来提升自身职业技能,这就要求高校在制定人才培养目标时,重点关注学生未来生存与工作所需的技能。

高校人才培养模式迫切需要转型,以满足社会经济发展对人才的需求。工业时代的高校以知识讲授为主,强调对学生记忆力的培养和被动学习能力的提升,显然这已不能适应当前瞬息万变的社会。内容结构的转变需要变革相应的学习方式,比如开展个性化和自定进度的学习、可及性和包容性学习、基于问题和协作的学习、终身学习和学生自驱动学习。借助人工智能技术发展的高校对改善学习,助力以上学习方式的开展有得天独厚的优势。

二、高校发展路径

(一)建构数据驱动的智能环境

人工智能时代的高校在对内对外活动中将更加开放、民主、科学,高校能够构建起基于政府、高校、社会与社区之间的新型治理关系。未来高校将会采用基于庞大数据应用驱动的智能管理模式，实现智能高校的有效开放。线上和线下多渠道参与路径，群智群策的有效互动，信息爆炸所带来的数据叠加，数据驱动的智能环境，为高校的智能管理提供了新的发展机遇。智能高校的特征包括智能化的网络教育资源、智能化的教育工具和智能化的教学测评管理手段等，其"智能化"是完全建立在庞大且深厚的教育数据采集、整合与分析能力基础之上的。

具体而言，可以从以下几个方面开始建立数据驱动的校园智能环境：第一，增加信息和通信技术的智能终端，扩大数据收集渠道，丰富基础数据的收集。第二，使用区块链、云计算、大数据等新兴技术对收集到的数据进行传输和智能化处理。第三，利用5G等移动通信技术，将数据分析结果传递给个人终端和管理者。在建立智能校园环境的过程中，可以架构智能机器人、图像识别系统、摄像头、智能手环、移动终端等多种数据收集系统，增加平板电脑、智能屏幕等数据传输终端，并通过高速通信设备的铺设，为智能技术的应用打下坚实的基础。[①]

（二）培育服务导向的智慧教师

在人工智能时代，学生的学习方式发生了翻天覆地的变化。近年来，基于信息技术或智能技术的精准教学受到越来越多研究者及一线教师的关注，逐步开启了趋向于精准教学的时代。教学中的各类数据被采集至大数据平台中，并通过大数据分析后得到可视化数据图，使高校管理者和教师更直观地看到高校管理和课堂教学中存在的问题，进而采取更有针对性的措施。不难预见，在未来的教育环境中，人与机器需要共存，教师与学生之间的教和学很多时候需要通过机器作为媒介进行交互。学校作为一个特

---

① 刘建，李帛芋．人工智能助力学校治理现代化：价值、内容与策略[J]．中国教育学刊，2021（4）：12-16.

殊的社会环境场所，更具开展精准教学的优势，它拥有大量的学生群体，同时也有丰富的教育数据，能更好地利用数据驱动创新教学，而在这个过程中，教师是最为关键的因素。

也正因为如此，未来高校教育对教师提出了更高的要求。

教师需要突破传统的知识讲授者的角色，转型智慧教师。智慧教师既应是良好的课堂设计者，又应是精准的数据分析师，还应是耐心的教学辅导师及公正的教学评估师。在人工智能时代，一个智慧教师自然不会孤军奋战，他会借助各种工具，利用强大的数据网络，能动地发挥协调与沟通能力，与其他教师一起，组成优质的智慧教师团队。他会在个性化的辅导、深度化的教学中，与学生建立互助互信的友好关系，给予学生指导，帮助学生树立切实可行的目标，激发学生的学习兴趣，培养其正确的学习动机，并适时给学生提供有效的反馈与评价。总而言之，智慧教师应以服务学生为导向，以数据创新教学方法，培养能够适应人工智能时代的复合型人才。

（三）注重学生的个性化学习

传统的大班制教学无法关注学生的个性化问题，很多时候都是"满堂灌"和"填鸭式"教学，以理论知识讲授为主，轻视技能实践，在这种情况下，学生的自由发挥和独立思考的机会很少，这是制约其发展的重要因素。随着教育理念的不断创新和信息技术的快速发展，学生个性化学习也是越来越受到关注。个性化学习在人工智能教育领域里也是一个被频繁提及的热词，已被视为影响未来高校应用技术发展的挑战之一。个性化学习主要围绕学生个体的心智水平、学习兴趣、行为动机、学业差异、家庭背景展开调研，根据得到的数据制订方案，找到适宜每个个体的教学方式，为其提供多样化且多效度的学习服务。个性化学习主要以教育云平台为支持，以需求本位的个性化学习内容推送、能力本位的个性化学习路径生成和掌握本位的个性化学习评价为服务方向。这些个性化的辅助最终导向是培育学生有意义的自主学习、深度学习，引导他们学会反思，拥有批判性思维，将之培养成具备核心素养的新世纪人才。

为了保障学生个性化学习的效能，高校也要相应地做一些改进：①高校要倡导教师与学生之间多沟通，帮助教师加深对学生的理解；为教师学习人工智能技术提供支持，让教师善于以人工智能技术为手段，掌握学生的个性特征。②高校通过大数据收集及分析，为每个学生量身定制个性化服务，使每个学生拥有"私人"教师团队，这个团队是人机共同体，也是未来教学的主流模式。③高校竭力为学生构建群体智能学习环境，知识浩如烟海，个体的精力、时间与眼界总是存在不足，提倡学生在线上和线下与其他人合作学习，让学生适应人工智能时代的学习模式。

第三章　智能教育与高校教师专业发展

第一节　智能教育对教师发展的影响

一、教师角色的理想转变

（一）从共性培育的操作者转变为个性发展的实现者

在人工智能的今天，机器取代了人类的大多数工作，赋予了人们更多的自由时间和自在空间，从而使教育回到了"育人"的本源，使教师和学生都能够自由地、个性地、充分地发展。换句话说，今天的教育已不是一成不变的共同孵化，而是一种能够体现个性需求，促进自由发展的一种文化象征，体现了对人文关怀的追求。随着个性化教育的发展，传统僵化的、束缚思想的思维定式将会是一个必须跨越的"瓶颈"。标准化的教育所寻求的规范化是由于其受到技术理性的制约，而不是个性化和自由发展。然而，我们知道所有东西都是共性和个性的辩证统一，共性使得一切都保持一致，而个性则保证了其存在的特有之义，从而保证了这个宇宙的多元化。就个人发展来说，个性要远大于它的共性，没有个性，个体无法自由全面的发展，也就不能向更好的进化。就像在工业化时代，"标准"只是确保了教学的基本品质，培养了学生的共性和通才，却无法让教育达到最理想的状态，实现学生的个性发展。当前时代，继续采用标准化教学手段培育学生的共性已经是完全不再适用了，这种孵化共性的教育和社会对多元化人才的强烈需求是如此的格格不入。

人工智能时代的教育要从标准化教学转变为个性化教学，高校教师要从共性培育的实施者转变为个性发展的实现者。"以人为本"的人文教育观秉持个性化的教学理念，要突破传统的理性功利的教育理念，强调普惠、公平和可持续发展。在此基础上，个性教学即"以人为本"的教育。教育既要培育具备一定的专业知识能力的人，又要使每位学生都能够获得全面、协调的发展。以往，人们往往以"工具"的观点来阐释"教育"，而忽视了人的生存权利、发展权，以及人的本体性的发展。教育是一种生存和发展的权利，它包含着对人格的尊重和对生命的尊重，体现了公正、平等和民主的理念，21世纪的教育应该以保护和提升个体的尊严、才干和幸福为基本目标。教育是一项文化遗产，它反映了人类社会的文明发展水平，既要注重学生的个人发展，又要注重学生的整体发展。只有通过这种方式，我们才能为社会提供适合于未来发展的专业技术人员。当今的高校教师若不适应新的历史阶段和秉持人文教育理念，对教育的本质是不能有准确把握的。叶圣陶说："教育不是工业，而是农业。"①农事就是耕作，要根据自己的特性和习惯，做到适于耕种，不要勉强，发掘自身的内在能量。所以，要实现人的全面、自由的发展，就必须要充分认识每位同学，充分尊重他们的个人需要，让他们充分地发展自己的潜力。面对这种情况，传统的常规的大规模的、循序渐进的教育很难满足每位学生的个性化需求，而高校教师的个人能力又是很局限的，无法准确地掌握学生的情况，无法准确、个性化地引导学生。

高校教师将运用人工智能技术，把因材施教的理念贯彻到具体行动，真正完成向个性发展实现者的角色转变。智能技术不仅可以通过剖析背景、解析数据、分析个体的学习类型，更好地了解学生的学习需要，还能为学

---

① 叶圣陶. 叶圣陶教育名篇[M]. 北京：教育科学出版社，2013.

生的学习提供有目标的、有意义的个性化辅导，而非打造标准化的统一教学流程。比如，为早期儿童阶段研发的智能教学机器人——科大讯飞阿尔法蛋，同时拥有语文、音乐、英语等多种教材，能够和儿童沟通、解答问题，并能够将英语转换为中文，并能够进行语文阅读和单词的听力教学，完成双语启蒙。智能机器人可以帮助学龄前儿童在玩中学，鼓励培养儿童探索世界的热情，播下个性化发展的种子。人工智能将成为教师工作中的最佳助手与伙伴，过去难以完成的个性化教学任务将由人与机器共同进行，而高校教师和人工智能的合作将会提高教学的工作效能。想要实现个体的个性发展，必须重视个体间的竞争与依存，重视个体的需求，发现、探索和促成个体的个性。而要做到促成个性化发展这一点，光依靠老师是十分艰难的，需要借助人工智能等外在的智力支持才行。高校教师和人工智能必须搜集充分详实的个体数据并对其进行个性化分析，然后相互协作为全体学生提供大规模的学习支撑，才能最终实现适合个体发展的目标，促成教师从共性培育操作者到个性发展实现者的理想蜕变。

（二）从课本知识的宣讲者转变为课程知识的建构者

传统高校教师更多的是知识的宣讲者，这适应了当时社会缓慢变迁的特点。在人工智能的时代，每个人都会创造出大量的知识，而知识的数量也会呈井喷式的增长，知识的获取变得非常简单，来自不同媒介、不同主体、不同途径的知识共同呈现一种快速的、碎片的、泛化的、即时的、随意的态势，个体或被动或主动地接受着，人脑成为垃圾信息回收站。假设高校教师仍沉迷于传统课堂中知识宣讲者的角色，逼迫学生死记硬背、埋头题海，那么迟早会被人工智能淹没在历史浪潮中。我们必须认识到知识是不可学的，所有的已有知识并非学习的目标，而是教育之根本，其目标在于透过细致分析知识产生之环境，深入认识知识之界限与阙如，发掘知识之不清之处，探究知识之发展潜力，藉由分析、解剖甚至重构知识，培养个体整合与运用知识之能力。知识的活用是基于对知识脉络、结构和难点的清楚理解，但当前的传统教学很不重视知识管理和知识建构。而泛在知识网络中，信息的浅表化、同质化、虚伪化、师生互动的削弱，极大地减损了学生宝贵的知识创造和价值判断能力。高校教师要突破过去的零散的知识教学模式，整合各种知识，使原有的认识与新的认识之间形成有机的关联，建构富有内涵的学习，有时候还需要进行跨领域的教学。因此，高校教师除了向学生宣讲知识，更多的是要自身对信息进行理解处理，建构属于自己的课程知识体系，以及帮助学生完成知识经验的建构，做课程知识的建构者。

　　知识的获取是一个持续的探究与构建的进程，它的重点是自主选择、自我探究和自我发现。作为课程知识的建构人，高校教师首先需要在自身认知和课程知识的基础上，建立自己独特的课程理解。这一程序只能由教师完成，不能假借人工智能之手。因为在现实的实践哲学中，应用是一切知识、理论、创新和创造的核心，然而，人工智能尚无法实现理解性应用，并不能为人类的思维带来很多的帮助。大多数情况下，在科学程序的引导下，人工智能只能重复利用人类说过的语句解释发生过的事情，一味的推崇人工智能会抑制人类创新思想的萌芽，还会抑制人类的创造力成长。除此以外，由于人类是利用概率性拼合推动人工智能的可解释性的，这类解读虽然在简明性、概括性和前沿性等方面都具有很大的优越性，却并非永远都是行之有效的，总有些时候，人类会更倾向于用违背机率的异常因子来进行推理。与此恰恰相反，高校教师是具有生成性的人，作为一个持续发展和变革的生命体，高校教师的目标是提高和发展自己认识理解课程知识的能力，建立并完善课程知识的结构体系，因而高校教师总是能够通过对问题的表象和事物的认识对其进行全方位、深层次的解读。此外，随着时代的发展，新的现象、新的思考和问题也不断出现，高校教师可以根据新的思潮对课程进行新的诠释，并不断地检验、修正和补充已有的课程体系，以便更好地理解和构建新的课程。

在完成对课程的独特理解以及建构原理的掌握后，高校教师还需要帮助学生完成课程知识的理解和建构。知识可以分成几种，有些知识学生借助机器人就可以进行自主的学习，而有些知识的应用、建构和创造就必须由教师来进行。英国学者迈克尔·波兰尼（Michael Polanyi）曾在此基础上划分了"显性知识"与"隐性知识"的不同概念：通常被描述为知识的，即以本面文字，图表和数学公式加以表述的，只是一种类型的知识；而未被表述的知识，像我们在做某事的行动中所拥有的知识，是另一种知识。他把前者称为显性知识，而将后者称为隐性知识，也称为未明言知识。①隐性知识的传授可以侧面反映出教师的知识储备和理解天赋，而在显性知识的传递上，因储备量大的独家优势，人工智能的传递更加精确。因此虽然有些显性知识可以由人工智能替代地教学，但也有一些知识的教学必须由教师来进行，这部分内容要求高校教师将中国的"体认""体验""天人合一"等实践性和整体性思维融入课程当中，对课程进行特殊的剖析，探究知识建构的基本原则，帮助学生理解和建构课程知识。不同的教师对此有不同的认识，比如魏书生、陈果、戴建业、于漪，每一位都有自己独特的、不同于别人的领悟能力，他们可以用自己的独特的文字创造出独特的教育话语。总而言之，高校教师能够跨越不同的领域进行思维，能够在简短的语境和简洁的表述中包含大量的语义，他们在语言表达和课程理解上所特有的具身性、审美性和群差性，是机械所无法比拟的，而高校教师的独到

---

① 迈克尔·波兰尼. 个人知识：朝向后批判哲学[M]. 徐陶，许泽民，译. 上海：上海人民出版社，2021.

阐释才是真正揭示出了蕴藏在课程知识之中的真实内涵。因此，高校教师应尽早收回类似甘愿放弃自身专业角色的话语，真正能够让渡的不过是教师课本知识宣讲者的角色，对课程知识的理解才是教师之为教师的根本特质，并且是机器完全代替不了的特质。高校教师不再停留在课本知识忠实宣讲者的层面，而是追求向课程知识建构者的积极转变，人工智能时代的高校教师将和学生共同理解课程、建构课程，促使学生个体知识的不断生长。

（三）从学习过程的诊断者转变为学生成长的陪伴者

教育目标有三大领域，一是认知，二是情感，三是动作技能。其中"认知目标"是指人们对自身所掌握的知识、技巧的认识和掌握。"情感目标"是一个人对环境的态度和情绪状态的体现。人工智能算法系统可以通过采集、分析、反馈整个教学过程中的数据，一次一次地分析学生的学习状况，掌握教学过程中的细节，为学生提供高效准确的学习诊断服务，达成教育的认知目标。代表性的有北京师范大学的"数镜"平台，利用学生的数据画像，为其提供私人定制的发展报告，并制定出最优的学习路线供学生参考，最终提升教育质量。然而，当前的情感计算技术的发展还存在着较大的局限，体现为人工智能在一些重复性的、易于观察和量化的硬技能方面可以快速替代人类，涉及抽象的、不确定的、感性的问题，就属于严重超纲了。智能算法的"非躯体"性，让其仅具备了形式化的运算能力，却无法具备实体生物的智能，而且，智能算法与现实存在没有实际的联接，所以智能算法只能停留在形式上，不能达到类似于人类教师的对存在者的理解把握，更谈不上对存在本身的认知，也就是说表达与交流能力、共情、关怀等软能力还得靠人类教师来做。特别是在以自我指导、家庭指导或社会指导为主要内容的"非正式教学""非正式学习"之类的线上教学中，学习者更加深切地意识到，人工智能能够起到一定辅助作用，但无法代替教师给予的真诚陪伴，一些程式化的理性手段冲淡了感性的情绪，信息的冲击也在某种意义上减弱了沟通的满足。特别是青春期的孩子，他们的自我控制力比较差，容易产生焦躁、迷茫、情绪上的不安，学习过程的理性诊断与指导根本无法满足成长过程的感性需求。

真正的教育是灵魂的相互唤醒，是心灵的互相碰撞。高校教师要用感情的投入和思维的指引来教学生做人，塑造学生的人格，不管科技发展到什么程度，教师的以身作则、情感流露、面对面的交流，都是培养学生成人的重要一步。高校教师在教学中除了关注教学效果和学生的真实掌握程度，更需要关注学生的情感体验，很多时候，高校教师能够通过有效地师生交互让学生在学习过程中体验到由衷的快乐；通过和学生的平等对话，鼓励引导学生主动参与，彰显学生在学习中的主体地位，这种语言表达的艺术性和教师在过程中展现出来的真切关怀和诚挚爱意，是学生学习中的精神享受也是学生成长中不可或缺的情感陪伴。在传统的教学中，高校教师扮演着一个了解学生的情感和心理的重要角色，而智能时代多边交互的无边界学习格局，使原有教与学过程中"一对一、一对多"的师生、生生简单交互转变为素未谋面的"多对多"的复杂交互，教学行为的不确定性尤甚从前。万物互联的智能教育时代，高校教师之于学生的情绪分享、心理辅导、压力疏导的作用显得更加不可或缺。

高校教师实现学习过程的诊断者到学生成长的陪伴者的角色转变，需要做到：第一，培养自身同理心，做到人与人之间、尤其是指师生之间的共情。富有同理心的教师能设身处地地察觉、把握、理解学生的情绪和情感，使自己与他们的关系更加紧密，从而获得他们的信赖，并逐步深入他们的心灵，从而达到"润物细无声"的教育效果。第二，要自觉提升自己对学生情绪和心理问题的敏感度，及时向学生释放自身善意。智力帮扶与情绪补位的本质是人机的有机融合，虽然智能算法对学生学习状态的识别非常及时和灵敏，但此种依赖于数据计算的交互方式在心理健康层面存在局限性。教育是科学也是艺术，人工智能在科学的教育面前总是游刃有余，却对艺术的教育束手无策。因为人工智能只能处理一些浅显的问题，而更深层的问题，却不是它能够触及的。如果一个人在学习过程中不断地遇到挫折，尤其是当智能算法每每都精准指出他的不足时，他就会无法抑制地产生焦躁和情绪上的不安，高校教师需要及时介入并发挥作用。总之，尽管人工智能能够帮助老师迅速、高效地为学习者寻找合适的学习方法，但由于人与机之间缺乏情感的联系，因此，在运用人工智能技术的过程中，老师必须牢记"真心陪伴"的职责，做好学生成长的陪伴者。

（四）从教学规则的践行者转变为教育理论的创新者

在日常的反复实践过程中，教师很可能会无意识地将常识变成一种"习惯"，成为教学规则的自觉践行者。日常教育实践的非反思性特点就体现在作为日常教育实践主体的教师，在日常重复工作中很少追问已成为集体无意识的固定的教学常规、课程、师生关系和个人的行为方式，似乎所有的东西都是约定好的，只要按照习惯来做，就会自然而然地完成。其次，教育是一个由知识、人、各种信息、目标、价值等等因素交织在一起的复杂的社会现象，这种复杂的交互作用导致教育的效果通常不是立竿见影的，需要经过时间的沉淀才能显现出来。作为教学活动的主体，高校教师要充分地利用自己的学识与智力对信息进行甄别，而不是直接接受外部环境的限定规则，高校教师应该依赖自身的学习和创造，将默认的教学规则内化为自己的行为，并在实践中不断反思改进，试图成为理论的创新者。高校教师的行动若只依惰性行事，则其作为职业对象而非职业对象，成为"非人"。如果高校教师永远无意识地遵循环境中的潜在规则行动，就丧失了专业的主体地位，屈居客位。在教育系统仅对教师的专业技能和教学成绩做出清晰评估的情况下，老师们更倾向于将精力放在如何满足硬性指标上，而将一些"不太迫切"的需求，例如科研和创新放在一边。

第四次产业革命使人们的学习、生活、思维方式发生了变革，而智能技术在某种意义上代替老师解决了一些简单问题，剩下更复杂的教育问题的解决，要求教育工作者具有创新性思维。而随着计算机技术的发展，教育问题的复杂程度越来越高，教育理论的创新也越来越重要。创新既要靠知识的累积，又要靠实际的运用。人工智能使教育工作者能够更加便捷地获得多学科知识，在人工智能的辅助下，老师们可以对大脑中的知识进行重组，产生新的知识、思想、方法；而在高校教师与人工智能合作的实践中本就存在创新。实践唯物论主张，对客观和主观的改造是一个统一的过程，而人的积极性和创造力都存在其中。创新离不开实践，不考虑实践的创新都是空中楼阁。高校教师要打破常态化的规则性教学实践，积极运用新技术进行辅助的分析和仿真试验并从中汲取经验，促进教育理论的发展。实践中孕育的理论创新，终究还是会回到实践中，不仅能够帮助高校教师避免一些不必要的教学弯路，还会对学生的创造力产生直接的作用。

人工智能时代，高校教师应该从教学规则的践行者转变为教育理论的创新者。在不久的将来，机器会代替人做重复的工作，很多职业会随之消亡。作为一个能够感知、学习、思考的自动化系统，人工智能的优点是存储、传播、检索和执行知识，而教师的能力主要体现在对知识的理解，以及创造力和想象力的开发上。一方面，通过人工智能对教师重复的低效工作的替换，让教师有更多的时间来进行教学改革和提高学生的创造力。高校教师不能固守以往的教育模式，科技的发展需要他们面向未来和创新。

而在新的时代背景下，新现象、新问题、新的规则层出不穷，这一切都要求高校教师挖掘新的视角、新的思维方式和新的方式。高校教师是教育理论的创新者，其目的不在于使他们与职业研究者们同样地进行研究，也不是盲目地认可他们在教学活动中所得到的实际经验。高校教师成为理论创新者的本质，就是让他们占据教育实践中的主体地位，主动挖掘教育问题、并试图解决问题，提炼教育经验，生成教育智慧。

二、教师发展面临的现实困境

（一）机器教学，冲击教师标准教学者角色

在技术理性裹挟之下，工业革命以来的社会，从大规模的工业生产到集体式的教育教学都在追求标准化。技术理性的核心内容是对效率的追求，在生产过程中注重技术和标准的管理，以保证生产的效率。没有什么比班级教学更能体现技术合理性了，它就像是夸美纽斯为工业社会的标准化需求量身打造的一样。在班级授课制中，无论是教学时数还是课程内容都是由教学计划统一规定的，教师根据课程表的安排，在规定时间来到固定地点，对全班几十个背景不同、水平不同、理解程度不同的学生进行相同内容的授课。这种教学组织形式能够满足大部分人的需求，却对处于发展区间两头的学生不太友好，因为每个人的理解和学习能力都有很大的差别，光凭教师一个人是很难支撑起一个针对每个学生的个性化发展的教育服务系统的。然而，标准化曾经是教育领域的跨越式进步，它为特定时期普及知识和普及教育立下汗马功劳。它不但确立了一个统一的目标，而且制定了一个规范化的过程，甚至在方法、手段、原则等方面也都进行了规范化，既能适应工业生产，又能适应工业社会的政治体制。因此，社会系统不但默许了这一规范，也加强了这一规范。最后，工业社会的老师们变成了一

个标准的教学者，他们总是想要用一个模子来教学生，让每个人抹去自己的风格，就像是教学流水线一样，教师和学生同时成为标准的存在，没有任何的个性和自由。

高校教师成为标准化教学者，表面原因是工业社会的教育为了满足工厂对合格人才的庞大需求，实质是技术理性下的教育异化和教师畸变。从哲学意义上讲，技术理性是以传统逻辑为基石的，它主张存在某种不受人意愿支配的客观法则，而当人们认识到了客观法则，并且按照它的规则去行动时，人们就会感到快乐。从一定程度上讲，技术理性有助于人们了解和改变世界。从实际来看，我国基础教育也更偏向于技术性知识的掌握。由于基础薄弱和公共性教育的资源匮乏，长期以来，在升入更高层次教育之前，我们都会组织各种各样的考试以控制教育规模筛选人才，但是我们考试的范围总是局限于以技术理性为主的教学知识，在此指导下，虽然近年来我们一直提倡"素质教育"和"全面教育"，但是，在学习过程中，人们常常会有意识或无意识地倾向于注重知识、课堂和教师。从学生主体地位的名存实亡来说，这和工业社会的标准化教学本质上并无两样。

如果把教育教学看成是一个功利化的追求效益最大化的过程，比如学校仅仅通过教学来获得"升学率"等可以变现的筹码，那么，人工智能显然可以比人类教师做得更好。作为个体的人类教师，时间与精力极其有限，身体机能规限工作效率；而与之正相反，作为单一的机器，人工智能本就具有生产性、输出性和规制性，在单纯的理性主义和工具理性的支撑下，只要输入事先编好的程序，人工智能将无数次进行相同内容相同形式的标准化输出。教师会累，会停下休息，会因为突发事件、情绪、身体状态等影响到统一的教学进度（事实上，即使是同一所学校的同年级学生的教学也很难做到步伐完全一致），并且即使是同一节内容进行重复讲授，教师也无法做到一字不差、一模一样。人工智能既不会因长时间教学的疲乏感影响教学质量，又不会受情绪情感的干扰出现不稳定的现象，还不会因生活突发状况影响教学计划。例如在多媒体、互联网等科技发达的今天，智能导师系统已经从某种意义上扮演了一种替代性的角色，它可以指导学生学习过程并且在很长一段时间内都不会疲惫，直接冲击了教师标准化教学者的角色。科大讯飞研究院曾进行过一次实验，结果显示，在语音打分时，人工智能比一般的评分者更贴近专业，并且更加有效、公平。很大程度上是因为繁重的工作会让人感到疲惫，很难达到统一的标准，但人工智能却可以实现高效率的一致性。因此，论及程式化、精确度、稳定性，人类老师都无法与人工智能相比。如果教师的功能仅仅是让学生运用死记硬背和即兴发挥通过考试，那么高效率、低成本的人工智能将取代教师标准化教学者的角色，替代教师低创造性的工作，使教育变得越来越机械化。

（二）泛在知识，威胁教师知识传播者角色

根据传播媒介的变化，知识传播大致可以分成三个时期：口头传播、文字印刷传播、电子化传播，任何一个时期都少不了高校教师的身影。教师是学生获取知识的主要来源，甚至有时还被认为是学生获取知识的唯一来源。回溯文字被发明之前的漫长发展阶段，利用语言传播是人类已知的最早传播形式，也是共享知识的初级形式。部落里的老人在养老的同时担负起教育的任务，通过言传身教向年轻一代传授生存的经验和技艺。到了文字和造纸术、印刷术被发明之后漫长的印刷时代，由于知识生产和实践的逐渐分离，知识传播的日渐专门化，相比于学生，身为知识分子的教师几乎占据了全部的优势。因此，在传统的"传道"教育中，老师成为了"知识"的有力发言人，成为了"知识"的源泉。在教学中，应该向学生们教授哪些内容，以及在哪些方面进行不同的知识配置，教师拥有着近乎无上的权威。在这样的情境中，要想获得更多的信息，就不得不请教老师。知识存在形态、信息传播方式、教师教学手段的相对匮乏和僵化，使得老师成为了教育与教学的核心，知识的权威形象从未被质疑。直至以电子技术为基础的电子媒介的诞生，广播和电影电视将声音和影像保存下来，知识传播翻开新篇章。尤其是信息社会的到来，大量的知识和信息亟待传播，互联网和人工智能借助数字通讯技术，极大地增加了知识传播的广度和深度，人工智能具备快速计算和记忆存储能力。

人工智能强大的运算能力使得知识的存储变得不那么困难，而传统教师在知识传播中的权威形象也将被颠覆。目前，老师们主要从事的是知识的传授，而人工智能在海量的学习资源中有着极强的储存与传输能力，传统的"知识传播者"的教师正处于"边缘"的境地。当前的危机表现为：在信息交流中，高校教师群体表现出了"位不敌机"（"机"指的是智能手机、平板电脑、可穿戴设备和智能教学机器人等与信息网络连接的终端设备）。如今，"手不能离开手机，眼睛不能离开电脑"已经成了学生（特别是大学生）的真实反映，他们可以在包括课堂在内的一切时间内利用智能设备进行学习，这让老师们不得不感慨，智能设备是强有力的"第三者"。此外，微信、微博等社交网络平台以及微课、慕课等网络教育网站也纷纷出现，对高校教师在教学中的发言权造成了极大的影响，使得他们在知识传递的过程中遭遇到了与"在信息高速路上大部分路段绕过记者"相似的困境。智能时代老师从时间和空间上的优势将一去不复返了，这严重影响到知识传播中教师的"根基"。

媒介存在着一定的倾向性，即时间上垂直倾向或空间的水平倾向。印刷年代由于其传播的单向性、缓慢性和封闭性等特点，使得高校教师总是能够比学习者更早地获得有关的信息。但是随着互联网和5G技术的不断提升和普及，无处不在的智能数字媒介已经在时间和空间上达到了传播路径的平衡，因此，各地的学生知识获取的时间不一定比老师晚，也不一定源于老师。的确，随着智能技术的发展，人们的沟通和生存模式也在不断地改变。在提升信息传递的速度和广度上，人工智能的确优于人类，通过它，学生可以在短时间内获取到各种高质量的信息。因此，就知识和信息的获得而言，过去的知识壁垒已经荡然无存。无论高校教师如何的努力学习，都无法与人工智能的庞大数据算法相抗衡，在这个知识泛在传播新的时代，教师的知识传播者的角色面临着空前的挑战。

（三）算法测评，挑战教师学习诊断者角色

正确、有效地对学习过程进行诊断是一项非常有意义的工作，通过把学习过程与已制定的教育目标相比较，找出问题所在，实现老师"教"、学生"学"的协调，使学习诊断能更好地促进教学。具体实施情境中，高校教师一般是根据丰富的教学经验，对学生的学习过程进行仔细的分析与判断，在诊断的基础上把握学生实际变现与理想效果之间的偏离，推敲出学生发生偏离的具体节点与原因，然后选择适当的教学方法，对发生偏离的环节进行重新梳理与纠正，针对学生的具体情况进行有针对性地教学，从而不断向教学目标靠近。微观意义上，学习诊断使高校教师能够更好地掌握学生的学习状况，通过不断对比实况和目标的方式来改善教学效果，让学生更加清楚地认识到自己的不足、纠正错误，从而作出正确的选择，让教师更好地指导自己接下来的教学安排。宏观意义上，学习诊断总是能够以最快的速度适应教育评价的新变革新要求，使教学评价和改进工作始终行驶在正确的航道上。

传统的教师有一个显著的特征，那就是依靠自身的经验来进行学生学习过程的判断，并利用过往经验来克服教学上遇到的问题。这样的大多数教学经验都是由老一辈的教师传下来的，也就是由教育工作者根据自身的经验总结而来的，值得一提的是，这类经验在教育工作者头脑中是比较迷糊的认识，不是很清晰。因为教师肉眼可见的范围有限，教师听到的东西也有一定的限度，教师有效记忆并运用的经验也有限。所以人们希望把这些缺陷加以克服，弥补这些不足，于是人工智能就在制造弥补人类进化不足的东西的过程中萌芽了。人类制造机器人其实是为了人类更好的生活，最早期与人工智能起到相似作用的就是那些工具。人类不同于其他生物的最基本特征是人类可以创造出各种生产设备与工具。人工智能打破了教师的生理限制，能够借助一个个传感器全方位观察、记录、收集教学数据、学生数据，并存储在拥有无限空间的云端，最后利用云计算对其进行处理与分析。可以说，智能算法对当前这种教师依据模糊经验进行学习诊断的行为模式造成了冲击。

在识别学生特征、记录学生交互行为、解读大数据内涵、精准教研等各领域中，以 AR 技术、大数据为代表的智能算法诊断都能够达到或超越老师的水平。通过对学生学习全过程的数据变化趋势监测，学习中学习者个人数据与群体数据的对比分析，智能算法能够迅速并及时地诊断出学习过程中出现的偏离以及学生在具体环节中遇到的困难。可汗学院身为我国教育体制改革的先锋，更是率先在全球设立了自己的网络交互教学系统，能够对每个学生的使用时间、课堂表现等进行高效的统计、分析，并将其记录下来，从而为以后学习过程的诊断提供参考。这是经验层面的教师无法匹敌的精准与快速，高校教师学习诊断者的角色确已岌岌可危。

（四）人机分工，取代教师重复劳动者角色

客观地说，人类的一切活动都有重复性，许多重复是必要的，也是有价值的。然而，如果我们把这些重复当作一种资源来看待的话，就会发现它所蕴含的巨大潜力和无限商机。教育也不能免俗，有些重复确实是必要

的和有价值的。当然，也有一些是没有太大意义的，不仅没有起到应有的作用，反而造成了很多的消极影响，比如老师们的工作积极性降低，工作压力大。对很多教师来说，一切都是那么平淡、那么容易，一切都是自发的、循环往复的。在这种扁平化的职业生活中，生活的朝气和活力逐渐消退，取而代之的是枯燥和僵化，日复一日，年复一年。尽管有些学者已经注意到了这种消极的影响，也从理论和实证上进行了分析，但都没有更好的方法来解决，只是暂时地缓解了这种影响。

为更好地反映教师重复性劳动者的角色，以下对常见的重复劳动——作业评阅进行解读。作业评阅的重复性主要体现在两个层面：一是日常工作的重复性，学生几乎天天都要做各种功课练习，大量作业等着教师评阅。二是工作过程的重复性，每次批阅的任务都要反复数十次，多的时候可能会有几百次。客观上来说，作业评阅对于促进学生学习的巩固有着不可替代的作用，特别是及时性练习的效果更加明显。"掌握学习"模式能够取得可以使 80% 的学生达到平常只有 20% 的学生能够达到的水平，而要做到这一点，必须要给教师足够的时间，有针对性地对学生的学习过程进行系统的反馈和纠正。因为家庭作业在学生的学习中具有无可取代的作用，所以作业的安排和评阅不仅在教师的整个教学过程中占有很大的比重，也导致了对学生作业的评阅成为高校教师不可或缺的重复任务。班级授课制不仅扩大了教学对象，提高了教学效益，还因为教学对象数量的扩大，使教师需要评阅的作业数量出现大幅增长，同时严密的课程安排也使教师的评阅工作变得越来越频繁。因为作业的评阅可以从某种意义上帮助教师更好地理解和掌握学生的学习状况。这不仅让老师们陷入了"永远有批阅不完的作业"的困局，更难以针对学生的学习状况进行有目的的辅导，使作业及其批改效果大打折扣，人工智能可以代替教师的单一性功能，进行每日的作业批阅等机械性工作，从而使教师摆脱繁琐、重复性的工作。人工智能能够提高工作效率，改善工作效果，提高工作效益。在人工智能时代，利用智能计算机或教学系统，不仅可以减轻老师宣讲知识的负担，而且可以让他们摆脱这种重复的工作，从而把精力集中到更有创造性、更能彰显独特价值的工作上。

人工智能教育应用一开始的时候，主要是为了弥补教师自身劳动能力的不足。所以，可以认为，人工智能进入教育教学工作的目的就是要减轻教师的劳动负担，或者说是提高教师劳动的效率。人工智能可以减轻教师的劳动强度或者劳动负担。人类的力量是有限的，最早的时候，人们为了帮助自己完成物品的搬移创造了杠杆，在之后的日子里人们陆续发明了类似起重机、挖土机和运输机这样的节省人力的器械，使得人们（尤其是个人）原本因生理限制不能做的事情，现在可以轻易地完成。随着人工智能越来越多地被应用于教育教学中，计算机技术迅速发展，三维虚拟的智能机器人可以模仿真正的老师，从而大大地提高了网络教学的效率。由于虚拟教师在课堂上的优势日益突出，混合式的教育方式越来越受欢迎，诸如阅读课文、点名、监考、收发试卷等辅助或重复的工作都可以通过人工智能分担人类教师的任务，使教师摆脱繁琐、机械、重复的工作，从而使教师能够更好地发挥其身为人类的宝贵作用。这样的替代尽管在广泛的领域里可能给教师的劳动机会带来挑战，导致部分专注于从事重复性劳动的"教书匠"失业，但是教师队伍却获得了前所未有的劳动解放，繁重的、单调的、枯燥乏味的劳动不再折磨教师；而且，教师有大把时光反思现有教学模式，观察教育实践，尝试创新性的提出自己的观点，拥有大量的时间去自由而全面地发展自己。因此，人工智能减少了机械性工作对教师的需求，挑战的只是教师作为重复性劳动者的那部分角色。

第二节　智能教育背景下教学能力标准体系

2017 年 5 月 13 日，中国科学院院士褚君浩在华东师范大学举办的"人工智能与未来教育"高峰论坛上，做了题为《智能时代智慧的教育是什么》的报告。同年 7 月，国务院印发《新一代人工智能发展规划》，为加快人工智能的创新应用，提出了"智能教育"，这为"人工智能＋教育"指明了发展方向。随后，国内掀起了一个研究"人工智能＋教育"的小浪潮。由于智能教育出现的时间较短，因此目前国内外学者对于教师智能化教学能力的相关研究较少，大多数研究多聚焦于教师的智能教学能力体系、教师的信息化教学能力、数字胜任力或信息素养的养成等，对教师的智能化教学能力标准尚未涉及。如，有学者试图对智能教育时代的教师教学能力体系进行构建，指出为了从容应对智能教育时代全新教学情境的挑战，高校教师迫切需要构建以学科教学能力、技术应用能力和教学学术能力为核心的智能教学能力体系，重构教学主体关系，重塑教学目标，重建教学环境，重造教学流程，进而构建灵活、多元、开放、智慧的个性化教育生态体系。[①]另有学者从人工智能素养的角度对高校教师信息素养的内涵和提升策略进行了相关研究，认为人工智能视域下的高校教师必须要具备人机共存、虚实并行的知识、能力、素养和人格的全方位综合素养，才能从容面对人、物理世界、智能机器、虚拟信息世界构成的四元世界。同时，高校教师需要在现有的信息素养的基础上，延伸和拓展人工智能技术解决问题的思维培养和能力养成，技术赋能的教与学涉及、实施与评价三类内容，STEM 教

---

① 田宏杰，龚奥．智能教育时代高校教师教学能力体系研究[J]．苏州大学学报（教育科学版），2020（4）：73-82．

育则是实现该目标的有效模式。

教师智能化教学是基于深度学习、大数据、虚拟现实等新一代信息技术，通过人机协同，构建以学习者为中心，贯穿教育各环节的智能化教学环境，优化教学过程，实现人才培养更加多元、更加精准、更加个性化的新型教学范式，促进学习者的美好发展。随着数字化学习方式融入社会生活后，学习者突破了传统教学的线性，其学习时间的碎片化、学习方式的灵活性、学习空间的多样性以及知识建构的主动性特征促使教学的非线性、非程序化发展。数字化逐渐深化的今天，教师的教学不再是一种原有的信息技术与教学方法或内容的简单叠加或结合，而是一种走向智慧学习环境的复杂技术与整体教学的耦合、创新，即智能化教学，它既包含教师为主导的智能化教学，又涉及以学生为本的智能化学习，是一种"数智融合式"的教学新形态。基于上述认识，并结合教师一般教学能力内涵，本书认为智能化教学能力就是教师为胜任"人工智能＋教育"教师新的职业角色，促进学生智能化学习，提升教师自身智能教育素养的一般教学能力，它主要包括智能化教学理念与动机、智能化环境利用与构建、教学组织与实施、教学评价与反馈、教学设计与课程开发、教学提升与创新等。

一、智能教育背景下教学能力标准体系的发展阶段

以人工智能为代表的新技术正在改变高校教师的整个工作形态，无论是教师的专业能力结构还是其专业发展方式，都在发生巨大的变化。一方面，"人工智能＋教育"使得高校教师发展出现了新特点和新动向，主要表现在对高校教师的教学能力和素质提出了新的要求，即在教师的不同发展阶段，教师都需要形成相应的能力素质，来适应智能教育时代下的课程改革与教育信息化的相应要求，尤其是教师对于人工智能在教学中的角色认

识，以及对人工智能在教学中的应用能力将成为教师专业能力结构中的重要组成部分；另一方面，与传统意义上的教学、信息化教学相比较，"人工智能＋教育"大背景下的教师专业能力发展的方式不再受制于时空结构的限制，各种虚拟技术与通信技术与教育的全方位融合，为教师迅速实现自身的终身学习和持续性发展提供了可能性。总的来说，"人工智能＋教育"推进高校教师专业发展有学习适应期、模拟融合期和创新发展期三个主要阶段，每个阶段具有不同的发展内容和特点。

（一）学习适应期

这一时期在智能化教学理念与动机方面，高校教师开始意识到智能化教学的重要性，以开始意识为主要特征。在智能化环境利用与构建方面，高校教师基本感知和适应智能化教学环境，并能够初步掌握各种新技术，如 VR、AR 等扩展现实技术，以环境适应为主要特征。在教学组织与实施方面，高校教师在智能化教学环境中掌握将一定的技术与具体课程整合的模式或方法，以技术教学为主要特征。在教学设计与课程开发方面，以方法设计为主要特征，高校教师为适应智能化教学环境，通过对已有的教学方法、教学模式进行设计和组合，旨在优化和改善教学质量。在教学评价与反馈能力方面，以评价应用为主要特点，高校教师初步掌握了各种技术在教学过程中收集和利用教学数据用于评估教育教学效果的能力。在教学提升与创新方面，以教学反思为主要特点，高校教师在智能化教学中针对已有的传统教学问题用一些典型的标准化模式开展初步研究，逐步改进学习者的学习方式、习惯等，旨在培养学习者的智能化素养。

（二）模仿融合期

在智能化教学理念与动机方面，高校教师能够领悟和理解智能化教学的相关知识与方法，开始能主动运用智能化教学开展深度学习，呈现出理解领悟的特点。在智能化环境利用与构建方面，高校教师可以基于各种泛在智能终端，应用各种虚拟现实技术，为满足教育实践的需求，对智能化教学环境进行充分利用或改造，以环境改造为显著特点。在教学组织与实施方面，教师在智能化教学环境中拥有一定的信息技术知识的教学迁移能力，信息技术与具体学科教学相互整合，强调数字化教学。在教学设计与课程开发方面，以内容设计为主要特点，高校教师多从课程开发和教学内容设计的层面，对教学的内容、结构和呈现方式等方面进行分析、设计、开发。在教学评价与反馈方面，以评价分析为主，由封闭式的教学评价逐渐走向发展性的和开放式的评价，高校教师可以对多种来源和结构不同的数据汇总，并采用学习分析技术等对学习者的学习表现或行为进行科学的分析。在教学提升与创新方面，凸显教学研究的特点，高校教师可以在智能化教学中不断深入研究，探索基于深度学习的教学新模式、新方法，以提升学习者开展自我学习和深度学习的基本意识和能力。

（三）创新发展期

在智能化教学理念与动机方面，表现出创新变革的特点，高校教师追求具有创新教育教学模式的思想和方法。在智能化环境利用与构建方面，以环境创设为显著特点，高校教师多具备灵活地、综合地应用多种新技术的能力，为推进课堂教学的改革和发展，自主设计、开发和建设智能化的学习平台。在教学组织与实施方面，以创新性教学为主要特点，高校教师可以在智能化课堂教学中灵活应用多种新技术组织和开展基于问题解决式的学习任务，通过团队协作或探究式学习，提升学习者批判性思维能力，使学习者具备创新变革的思维。在教学设计与课程开发方面，以弹性设计为主要特点，高校教师可以对课堂中可能出现的突发事件进行预先考虑，并留有教学的合理空间和储备，以便在教学实施中考虑学生的差异和变化，因材施教，发挥学生的主体作用。在教学评价与反馈能力方面，以反馈与行动为主要特点，高校教师能够对大量的教学数据的质与量进行有效权衡，并能够深入教学大数据所揭示的新的学习和教育规律进行研究，将其运用于教学评价、新的教学模式的构建和验证中，开展个性化教学。在教学提升与创新方面，表现出教学创新的显著特点，高校教师追求将智能化学习发展为一种无缝泛在学习，使学习者之间形成了一种知识发展的关系网络，教师与教师之间形成一种基于智能化教学环境的学习研究共同体，并不断创新、引领教学改革。

二、智能教育背景下教学能力标准体系的构成

随着第四次工业革命的到来，人类社会正加速迈向智能化时代，人工智能、云计算、区块链、虚拟现实等新兴的智能技术与教育教学的融合应用，呈现出智能化的人机协同教学、全周期的教学诊断评价、非线性的自适应学习等特征。高校教师既有的教学能力已无法胜任智能化教学实践的要求。为了从容应对智能教育时代全新教学情境的挑战，高校教师迫切需要构建以学科教学能力、技术应用能力和教学学术能力为核心的智能教学能力体系，重构教学主体关系，重塑教学目标，重建教学环境，重造教学流程，进而构建灵活、多元、开放、智慧的个性化教育生态体系。

（一）教学能力标准体系的内容

1. 目标与理念

构建高校教师智能教学能力标准的目标，主要包括以下三个方面：一是定义高校教师教育的研究成果，通过提供专业标准的共享标准，高校教

师能力框架有助于确保有效的教师教育提供。二是为高校教师招聘和评估的主要内容提供可靠依据。三是反映高校教师专业发展的需求，教师的智能化教学能力标准可以为教师提供清晰的角色形象，使其在教师的职业生涯中促进对自身专业能力水平的理解，能够在对一般教学能力水平的反思中实现发展。然后，作为关键专业知识和技能的参考点，他们可以通过帮助专注于不同职业阶段的学习重点和需求，来支持个人和机构层面的有效专业发展，帮助高校教师认可教育从业者的职业成就。总体而言，如果高校教师智能化教学能力框架具有形成性的重点，并且旨在促进高校教师的主人翁意识和自主创新意识，那么它们可以支持高校教师的综合素质、教学能力和职业责任感的发展。

2. 实施和评估

高校教师的智能教学能力框架主要针对于我国各地区的高校教师、地方政府和其他利益相关者（如教师教育培训者、学校领导），设计、实施和评估政策措施、开展教师培训，以及指导课程和教学实践、促进教育创新和变革。此外，为了使高校教师和教师教育者等人员熟悉和应用该框架，并将其整合到他们自己有关"人工智能＋教育"的相关教学理论中，我们需要尽可能开发一些自我评估工具，从而帮助高校教师对自身智能化教学能力水平进行自我诊断。需要注意的是，这些自我评估工具的开发在概念层面应该遵循一些基本原则：一是尽量精简或简化高校教师智能化教学能力框架中的关键思想。二是尽可能将该框架内的能力描述词转化为可以与高校教师教学相联系的具体活动和实践。三是根据该能力框架中每个一级维度下的二级能力指标，为每一位高校教师提供具有针对性的反馈。

（二）教学能力标准体系的实施建议

高校教师智能教学能力标准体系为教师智能化教学能力的诊断与评估

提供了参考依据，也为教师发展形成智能化教学能力指明了方向。在实际的教学实践中运用教师智能化教学能力标准体系需要特别注意以下两点。

1. 注重高校教师智能化教学能力的多样化诊断

高校教师智能教学能力的核心要素是教师培训需求和教师发展需求的抓手，也是对其进行能力诊断的基础和相关诊断工具开发的基础。基于智能化教学能力标准，我们需要利用多种渠道开发相关的能力诊断工具，充分结合自评和他评的方式。总体上，诊断教学水平的表现方法包括顺序性选择、实做型任务（线上测试）、教学设计文本分析和教学实录分析四种。这些方法各有利弊，一般顺序性选择题容易出、容易答、结果容易统计分析，其存在的问题是主观性较强。教学设计文本分析和教学实录分析不需要额外研发诊断工具，可以直接分析高校教师的教学设计和教学实录，但耗时较多，得出结果比较困难。文本和实录与"智能化教学能力标准"中各个能力要素的对应关系需要培训者自己确定，这是导致结果分析困难的主要原因。此外，教学设计文本分析不容易体现出事实，而实录分析又不容易从中把握高校教师的设计思路，往往需要互补使用，分析成本较高。实做型任务如果设计得当，可以更高效且相对客观地诊断高校教师的教学能力水平，但任务设计本身是一项研究性的工作，对设计者来说挑战性比较大。

2. 侧重高校教师智能化教学能力的综合评估

教师能力评价是高校教师评价的一种形态，是在一定的教育价值观和教学能力标准的指导下，以教师教学能力的提高和教学质量的改进为目标，通过对教师教学知识、技能和态度等方面进行客观考察，发现和诊断其在教学能力方面存在的优势和不足，并在评价的过程中给与相应的指导和建议，并采取提高教师相关教学能力的针对性策略与方案，改进教师教育教学的理念，提升教师教学设计、管理、资源开发和研究反思能力，最终实现教师的实践创新和专业化发展，带动和促进学校内涵式发展。高校教师的智能化教学能力的综合评估以教师的智能化教学能力为核心，以教师的专业发展为理念，强调教师能力的发展性、交互性和形成性，努力突出教师在整个评价过程中的主体地位。此外，教学是学生与教师的的双向反馈，学生作为学校教学工作的主要受益者与反馈者，应该成为教师教学能力的评估者之一。教学能力的综合评价内容应该围绕"教师智能化教学能力标准"的能力结构框架和二级能力标准，根据对教师的每个维度下的教学行为点进行观察，结合教师专业发展理论，并参照不同学校的自身情况（如学校性质、学科要求、办学理念）对教师教学能力的评估侧重点应有所不同。

第三节　教师智能化教学能力的建设路径和策略

一、教师智能化教学能力建设路径

高校教师智能化教学能力发展分为学习阶段、提高阶段和创新阶段。学习阶段是教师的模仿阶段，教师在参与培训、课题中得到较丰富的现代教育理念、教育技术导论、学习理论、智能化环境下的教与学、人工智能基础知识等。高校教师在实践中以模仿他人为主，关注日常教学中具体的智能化教学行为，集中于智能化教学技术的掌握，智能化教学系统设计的能力不足，不能系统考虑教学目标、学习对象、教学评价、教学内容、教学资源之间的相互关系，对技术的使用仅限于教学内容的呈现，应用方式简单，并且对智能化教学过程中产生的教学问题的关注度不够。高校教师在提高阶段开始逐渐过渡到技术与内容的融合。该阶段的高校教师已经意识到智能化教学能力的发展对自身教学有帮助作用，教师的主体性意识被唤醒，对智能设备的应用有了更清醒的认识，有了自觉观看、利用线上资源和使用现代教育媒体的意识。高校教师开始关注智能化教学中产生的问题，并以其作为研究对象。有解决问题的愿景，但自己不能独立解决问题，主要依靠专家或前辈的引导和支持，具有迁移意识，但不能实现创新。随着智能化教学能力的不断提高，高校教师最终步入创新阶段。在创新阶段，高校教师敢于面对智能化教学中存在的问题，能够主动参与问题研究，大胆提出个人想法，积极寻求专业发展。达到创新阶段的高校教师具备了较好的智能化教学系统设计能力，能够系统、全面地分析和设计智能化教学中的关键要素，能够灵活地将技术创生为教学环境，以实现在智能化教学环境中人工智能的最优化使用。高校教师智能化教学能力发展主要依靠职前培养、在职培训、自主学习和教育科研四个环节。

（一）职前培养

职前培养是师范生在师范院校系统地学习和掌握教育教学基础知识、学科专业知识、教育教学基本技能的关键时期，是高校教师教学能力形成和发展的基础阶段。职前培养的一个根本目的是提供给未来的高校教师足够的教学知识和技能，使其能够适应未来教育教学工作。由于时代的发展和教师观念的更新，目前师范院校已有的培养内容和方式可能不适应智能时代高校教师的需求。因此，师范院校在培养师范生时应该在国家政策的前提下，对培养内容和培养形式进行更新和补充，使得培养内容和形式与时俱进，从而使得师范生培养方式适应社会需要。

职前培养的两个重要途径为智能教育理论课程学习和智能化教学实习。第一，人工智能公共课和智能教育课程的学习。知识习得和丰富是高校教师教学能力发展的重要表现形式，也是高校教师能力发展的重要基础。知识是能力发展的必要条件。没有必备的智能化教学知识就不可能有高水平的智能化教学能力，知识对促进教学能力发展的作用是巨大的。掌握智能教育领域的各种知识，建立合理的知识结构，是职前教育的重要任务。智能化教学知识主要在普通教育课程和教育专业课程中进行讲授。普通教育课程即通识课程需要扩充或者增加有关现代信息技术和人工智能技术的公共基础知识，帮助教师提升适应未来社会的交流与协作能力。教育专业课程是指为各专业学生开设的有关教育教学理论、方法、技巧等培养教师专业内涵的课程。教育专业课程中需要扩充有关人工智能与教育教学结合的课程，如智能教育理论课程，使师范生知道如何在人工智能设备和环境中开展教育教学。智能教育理论课程是师范生了解智能教育思想和理论，掌握利用人工智能进行教学的技能，提高智能教育技术素质，成为具有适应智能时代从教能力的师范人才的重要课程。智能教育理论课程的学习重在为智能化教学能力的形成与发展提供必备的理论知识和思想基础。其中智能化教学理论、方法、技巧等的学习对于智能化教学能力的发展具有方法性的作用，是教师进行有效智能化教学的方法保证。

第二，智能化教学实习。智能化教学知识只有投入实际运用才能促进师范生智能化教学能力的形成与发展。智能化教学能力的形成绝不是高校教师自身的一种潜在存在，也绝不是自然发展起来的，而是高校教师在不断学习智能化教学理论知识的基础上，通过长期实践，提升自身智能化教学技能，从而达到较高的水平。教学实习是链接职前教育与在职教育环节，为理论与实践相互印证和知识与技能相互融合的关键阶段，是每一位尚在练习阶段的准教师在成长为正式教师之前的一段不可缺少的职前实践训练。因此，智能化教学实习是有效培养师范生提高智能化教学技能和发展智能化教学能力的课堂。智能化教学实习是师范生在专家和教师的指导下，将所学的智能化教学知识运用到教学实践，掌握智能化教学技能的一次职业训练，是为自身智能化教学能力的形成奠定良好基础的重要环节。教学实习的过程中，实习导师需要有一套有效的智能化教学训练体系，其目的是协助师范生逐渐适应并习惯智能化教学工作，充分发挥其在人工智能公共课和智能教育课程中所获得的经验和知识，形成和拓展智能化教学能力。教育实习对智能化教学的实践包括课前准备、教学实施、实践反思。师范生在课前准备即教学设计时应明晰智能媒体辅助教学的目的、使用方式、使用时机等。在教学实施时应处理好教师、学生、教学内容和智能媒体四者的关系，充分调动学生的积极性和主动性。在实践反思时应落脚于学生的学习情况，发现智能化教学中存在的问题，努力提高反思的深度和广度。

（二）在职培训

在职培训是指师范生进入教师岗位以后参与的学习活动，是有目的、有计划、有组织的在职教师的学习活动。职前教育相对于在职教育来说是短暂的、基础性的培养活动。随着高校教师在教育教学中实践经验的积累、社会的快速发展和科学技术的更新，学生在不断变化，课程内容也在发生着变化，各个层次的教师都需要不断成长、不断吸收新的理论知识。通过在职培训，高校教师可以提高对教育的认识，丰富教学知识，改进教学技能，促进教学能力的快速发展。因此，在职培训需要扩充与智能化教学相关的知识与技能。对在职教师进行相关智能技术教育化应用培训，是高校教师智能化教学能力阶段性促进的重要环节和路径。在职培训应从以下方面改革，以促进高校教师智能化教学能力发展：第一，生成性的培训内容。由于智能时代的来临和教育智能化的发展，学校教育中发生变化的不仅仅是课程内容本身，高校教师也需要与时俱进更新教育观念和教学方式。因此，在职教师的培训内容也需要与时俱进更新内容。由于人工智能是一个快速更新和发展的领域，新理论和新技术层出不穷，在职培训应该根据最新的教学理论对教学内容进行不断更新和重组，真正实现培训的高效和实用。第二，多样化的培训形式。智能技术的发展也为多样的培训形式提供了现实条件，多样的培训形式可以满足不同高校教师的智能化教学能力发展的不同需求。年轻教师可以相应地采用短期脱产专项培训的方式，而年长教师培训就更适合专题讲座、资源论坛、教学论坛、教学沙龙、教学工作坊等等形式。第三，过程性的培训评价。在职培训应改变以终结性评价为主的评价方式，关注过程性评价，注重在职教师学习过程的记录和成长资料的积累，真正关照教师的个性化发展。

在科技创新不断推进、社会格局和产业格局发生变化的大背景下，在职培训是促进高校教师信息化教学能力发展的重要方式和渠道，学校应给予足够的重视与支持。世界各国的相关经验，是在国家层面，或者是学校层面，对于高校教师的相关能力培训给予时间保障和经费支持。此外，学校有责任引导、组织学科教师开展智能化教学的教学研讨、教学观摩，开展教师间的智能化协作教学，包括智能化教学集体备课、集体讨论、集体教学研究等，以增强培训中教师的合作性体验。智能时代意味着高校教师的发展不再是单打独斗，充分的协作与交流，有利于教师信息化教学能力发展的经验共享。学校既可以组织教师面向本校教师的信息化协作教学交流，也可以利用网络等方式，促进不同学校、不同地区，甚至是不同国家的相关学科教师开展教学交流与对话。学校应有计划地安排教师参与相关的智能化教学能力发展项目培训，或专门针对本校教师的实际情况，引进智能化教学领域专家，组织本校教师的校本培训。总之，通过培训提高高校教师对人工智能的认识，理解智能技术的革新对高校教师教学能力的挑战和新要求，掌握和提高应对挑战和要求的方法和策略，使高校教师更加深刻地理解提高智能化教学能力的必要性。

（三）自主学习

在教育"全球化、开放化、信息化"的时代，高校教师的教育教学单靠教学经验已是远远不够，学会学习和终身学习是智能化时代对教师的基本要求。在智能化社会中，教师应当首先成为终身学习者。教师是学习者，为了专业发展而不断持续地主动学习，从学习中获得知识、方法，从学习中提升自身素质。智能化社会中教师的持续发展依靠的是教师对智能化教学能力的获得与提升。而教师智能化教学知识与能力的获得与提高，主要靠的就是自主学习。正如《教育——财富蕴藏其中》报告所指出的：教育越来越成为学习，教育就是学习。^①教师的自主学习对智能化教学能力的发展尤为重要。高校教师通过自主学习，获取和整合智能化教学知识，并把智能化教学知识资源转化为智能化教学能力，以在智能化教学中获取和保持持续竞争优势。在高校教师的职业生涯中，学习和工作是不能截然分开的，工作过程就是学习过程，"工作学习化，学习工作化"已成为一种新的学习理念。

高校教师的自主学习是指教师以学习者的角色，根据自身工作特点自主地进行有目的、有计划的学习，包括教师制定自己的学习计划、选择自己的学习方法、监控自己的学习过程、评价自己的学习结果等。正因为教师自主学习具有个性化、主动性、独立性和创造性的特点，使得其成为教师智能化教学个人风格的必要环节。通过自主学习发展高校教师智能化教学能力主要包括以下形式和方法：第一，从书本上学习。借助书本进行理论学习。读书的过程是与智者交流的过程，与大师对话的过程。随着智能时代的到来，科技的发展是日新月异的，高校教师必须不断在相关书本和论文的阅读过程中，正确认识、理解智能技术。在这一形式的学习中，高校教师要结合自身已有的智能化教学经验，将所学习的智能化教学理论知识通过理解后内化为自己的知识，把对新知识和理论的学习建立在相应的旧知识的基础上，使新的理论知识成为旧知识的延伸和拓展，从而完善智能化教学相关知识体系。第二，在实践中学习。高校教师每天都在教育教学的实践之中，但因为大多数高校教师缺乏对实践的总结、提炼、反思与修正的意识，使其无法成长和提高。高校教师个体在智能化教学实践中学习，将学习的相关理论知识应用于实践中，实现理论知识在实践中的增生与创新，从而发展自身的智能化教学实践智慧。只有高校教师在实践中始

---

① 联合国教科文组织总部. 教育——财富蕴藏其中[M]. 联合国教科文组织总部中文科，译. 北京：教育科学出版社，2001.

终抱有学习的态度，才能在实践中有意识地进行反思，从而不断提高自身的智能化教育教学能力。第三，向同行和专家学习。高校教师专业发展的一个重要途径便是向同行学习。既可以向名师学习，也可以向一般老师学习；既可以向年长的老师学习，也可以向年轻的老师学习。"三人行，必有我师。"教师应善于向同伴学习、取人之长，补己之短。向同行学习主要采用"请进来"和"走出去"的方式。"请进来"是指通过做报告、讲座等形式请智能化教学相关专家和名师来校。"走出去"是指教师出去培训、进修的过程中向同行和专家学习。

事实上，对高校教师而言，学习并非是纯粹的职业需求，而是一种生活方式。终身学习是 21 世纪高校教师的必然选择，也是新课程理念的必然要求。人工智能技术使得教育方式和手段飞速变革，在这个一日千里、知识不断更新换代的时代，如果高校教师故步自封，仍停留在自己的经验总结之中，必然会面临知识枯竭的危机。在终身学习的视野里，学习不仅属于教育范畴，更属于生存范畴。

（四）教学研究

高校教师的教学研究素养是支撑教师专业发展必不可少的一个环节，教学研究是发展教师智能化教学能力的有效途径。教学研究是指以教育科学理论和学理性知识为武器，以教育教学中出现的问题和发生的现象为对象，以探索教育教学规律为目的的创造性、创新性认识活动。简而言之，就是利用教学理论去研究和探索日常教学实践背后所反映的教学规律，用以解决新的问题和适用于新的情境。

一般来说，一位优秀的教师应具有积极的从教情意、合理的从教知识、过硬的从教技能、超常的从教能力、独特的从教智略等五大特质。在智能化的教育环境之下，由于教师角色的转变，除了强调教师的"从教"

特质外，还应通过提高教师的教学研究素养来促进教师对整个教育教学活动的深入理解。通过科研探究将课堂内容与科研方向紧密结合，教学过程与科研过程有机融合、将科研结果应用于课堂教学，充分发挥科研对教学的导向作用。

高校教师在智能化教学环境的滋养下，能够从原来课程的执行者、教学讲授者转变为课程的开发者、教学研究者，实现角色的华丽转身。为促进高校教师智能化教学能力的发展必须提升高校教师对教学研究的重视程度。首先，高校教师要加强科研意识。在如今这个信息爆炸的时代，教育教学的观念、模式、方式等正在发生深刻的转变，高校教师必须满足当代社会对教育更高的要求，将教学实践活动与教学研究更加紧密地融合在一起，努力向集学习、研究和反思为一体的教师专业化方向发展。从日常教学活动中发现问题、找到问题，利用新的技术和方式研究问题，最后将科学研究成果还之于教学，形成一个良好发展的"生态圈"。其次，高校教师通过职前培养和在职培训，了解和掌握教育学科知识和智能教育思想和理论，利用智能化教学资源、网络在线学习平台等进行自主学习，提升教师对教育现象的理论敏感性。高校教师在教育研究中对课程内容、教学实践进行深人研究，不断反思现有教学组织形式、教学内容、教学管理等与人工智能技术之间的关系，使高校教师获得促进智能化教学能力提升的生长空间。最后，现代人工智能技术应用于教育领域，将高校教师从繁杂的重复劳动中解放出来。反过来，高校教师在教学实践中将高层智能教学理念落地，并通过教育科研促进高校教师的教学实践从"汗水型"转向"智慧型"，从经验教学转向科学教学，考量各项"技术"对于进行有效教学是否能够真正发挥作用，而不是学校教学的"技术装饰"。新时代教学研究可以培养高校教师的批判性和独立性思想，使其能够在丰富的智能化教学资源库中选取适合本校实际教学情况的资源用于教学，而不是在时代的洪流中

"随波逐流"。

实践证明，先进的教学理念和智慧的教学行为都反映了教学研究成果对于教师的影响。高校教师通过教学研究能够对当前智能化教学环境中出现的新问题和新现象进行探索，对新兴技术融入教学实践的适应性或排斥反应得到规律性、本质性的理解，改善教学方法和选择教学内容，将实践经验凝练为理性认识，使高校教师的智能化教学能力得到发展。不同教师针对本校教学实践开展教学研究，有助于他们成长为具有个性化、开放性、学理性的新时代"专家型"教师。

二、教师智能化教学能力的建设策略

智能化教学过程是复杂的，支撑完成智能技术运用过程的教师教学技能也是复杂的。因此，需要将其分解为各个要素，对分解的要素进行分析，阐明操作要点。这是智能化教学技能形成的关键，是高校教师掌握智能化教学技能并自觉进行训练的前提。本书从教学设计与课程开发能力、教学组织与实施能力两个方面讨论建设策略。

（一）教学设计与课程开发能力建设及策略

教学设计与课程开发既具有理论性，又具有实践性。因此，掌握教学设计与课程开发的理论和方法是提高高校教师的理论素养、实施能力的强有力工具，是进行智能化教学的核心能力。在进行智能化教学的过程中，高校教师必须运用教学设计的理论来指导教学实践，探索新型的教学模式。高校教师的教学设计能力的形成应聚焦在几个方面：其一，学习掌握教学设计的最基本理论。从设计的观念与方向上，强调运用现代教育观念，强调充分发挥学习者的主动性和创新精神，一切教学的安排应从学习者的需求与特点出发，改变以往只注重"教"，而忽视"学"，造成学习者被动接受、缺乏原创精神的现象。其二，掌握智能化教学设计的方法。强调运用系统观和整合的思想，对教学过程中的各个要素进行全面的分析与研究，对各个要素间的关系进行协调的、整体的把握。同时强调设计中的问题解决策略，强调设计的创造性与灵活性。其三，学习方法设计上强调探究式学习、参与式学习、体验式学习与智能技术相结合。其四，从教学设计的学习及能力的培养上，关注智能化教学能力发展。观摩同行的优秀案例，分析其特点，根据一定的学习内容或学习主题完成自己的教学设计，并和其他老师一起分享设计成果，得到反馈信息再修改完善自己的设计方案。

课程开发是一项任务庞杂的复杂工程，它包括对传统学科体系和知识体系内容的革新、对现有课程中传递的知识和技能进行二次开发以及基于国家政策、地区特色或校园文化开发的区域性特色地方课程和校本文化课程等。因此，高校教师的课程开发能力需要具备创新性、实践性、协作性等特征。在智能化教学环境中，高校教师卓越的课程开发能力体现在两个方面：其一，拥有良好的现代信息科技素养。高校教师的现代信息科技素养可以使教师在开发课程时较容易地将现有新兴技术与学科知识进行融合，能够更好地为传授知识、高效教学服务。其二，展现超高的资源整合能力。在开发课程时，无论是对原有课程内容的革新，还是要创造新的特色课程或校本文化课程，都需要全面系统地进行资源搜集、选择和整合，为一门新课程的开发打下坚实的基础。高校教师良好的资源整合能力能够有目的的、专业的、创新性的选择和整合新课程所需要的各种形式的资源。

（二）教学组织与实施能力建设策略

智能化教学组织能力是在智能化教学环境中，将那些不连续的、新型的教学方法、教学资源有计划、有秩序地整合起来，实现教学目标的能力。智能化教学实施能力是指高校教师在教学设计的基础上，实现教学设计方案的能力，能运用有关的智能技术工具和资源营造有利于学生发展的学习环境，能在不同的教学模式和不同的教学环节中熟练运用有关的智能工具和资源。在教学实施过程中着重强调把握出示教学材料的恰当时机。高校教师根据具体的教学内容，在恰当的时机下使用恰当的教学媒体，也就是要找到课堂上教学内容最需要智能媒体演示的时机。教学媒体的运用与教学内容密切相关，这一问题虽然在教学设计的时候就需要考虑什么内容用什么媒体，但在教学过程中强调教师需要用一定的技能支持媒体。智能技术下的教学实施技能强调各个学科的相互整合、强调问题解决、强调学校教学与社会的连续性、强调对学习者进行生存能力和创造性的培养。因此智能化教学实施技能不仅包括讲解技能和答疑技能，还包括重视适合于网络环境下的问题学习和合作学习等现代学习方式，涉及高校教师情境创设的能力、内容与方法链接的能力、重视学习过程评价的综合评价能力、促进学习者作为主体进行自主性学习的能力等。

除以上所述外，智能化教学能力的发展要遵循以下基本原则：第一，最小代价原则。设计和选择人工智能技术时，要根据能得到的效能和需要付出的代价来做决定，力求做到以最小的代价得到最大的收获。第二，多重感官刺激原则。设计和选择智能技术，应注意从不同角度、侧面，去表现事物的本质特征。让所讲对象在不同的时间、地点、条件下，针对学生的不同感官采用不同的形式，表现同一内容。第三，建构支架原则。根据建构主义学习理论，在设计和选择人工智能技术时，它所传递的知识经验，与学生已有的经验必须有若干相关联的地方，以便为学生搭建起学习知识的支架。第四，抽象层次原则。设计和选择智能技术，它所提供的信息的具体和抽象程度，要根据学生的实际情况（年龄、认知水平、学习能力等），分为不同等级和层次。例如，中学教育的内容理论性和抽象性要增强，在教育过程中要更多地尊重学生的自主性。由于学生在基础教育的各个阶段的发展水平与学习方式等具有一定的阶段性和差异性，各个阶段的教育重点也不一样，因此对每个阶段教师促进学生智能化学习的要求也有差异，进而每个学段教师的智能化教学能力发展方向也有所差异。

由于"第四次工业革命"的来临，未来 10 年，教育的变革与发展将可能会超过以往几百年教育所经历的改变，教育将是一个人文性与科技性相融合的领域，希望本书能够在一定程度上帮助高校教师在当今时代促进自己的专业能力具体化、多元化复合发展，成为响应时代召唤的创新型、超水准的专业教师。

第四章　智能教育应用的风险控制

第一节　人工智能技术的教育风险评估与应对

近年来，人工智能技术以破竹之势迅猛发展，它的发展水平情况已逐步成为国家间竞争的新焦点，在国家政策扶持与倡议号召下，我国的人工智能技术已逐渐在医疗、教育、制造业等领域多方位展开深度融合工作。乔治·梅塞纳（Emmanul G. Mesthene）曾说，"技术为人类的选择与行动创造了新的可能性，但也使得对这些可能性的处置处于一种不确立的状态。"[①]在与各领域融合应用过程中，人工智能技术不仅体现出现代智能技术的高效性、便利性，也一定程度地披露出人工智能技术在应用中所滋生的问题与存在的挑战，教育领域也不例外。

人工智能技术在教育中的应用，一定程度上改变着师生的教与学的内容与方式、学校的管理模式等，却在实践应用中出现师生信息泄露、技术依赖、人文关怀缺位等问题，倘若忽视这些风险而不采取任何风险应对措施，那么将给教育发展埋下严重的隐患。

因此，识别人工智能技术的教育风险和针对教育风险采取应对措施的研究变得刻不容缓。因为影响很可能超出人类预估的范围，人工智能技术作为新科技之一，它在与教育领域融合应用的过程中，不仅伴随着"确定"的便利、快捷、高效等优势特点，也携带着"不确定"的风险与隐患。因

---

① 孙伟平. 人工智能与人的"新异化" [EB/OL]. 北京：人民资讯，2021[2023-06-12]. https://baijiahao.baidu.com/s?id=1689091757901065721&wfr=spider&for=pc.

此，在人工智能技术与教育融合日益紧密的情况下，研究人工智能技术的教育风险变得尤为重要且刻不容缓，能为后期我国人工智能技术在教育领域的安全高效发展奠定坚实的基础。

一、人工智能技术与教育风险概述

（一）人工智能技术

"人工智能（Artificial Intelligence）"一词最早在 1956 年被提出，这之后便引发了广泛关注，该技术主要是依靠计算机设定的智能仪器，模拟"人"的能力，对周围事物、环境、特定范围等进行感知、检测、判断等，达到程序设定的目标。快速高效是人工智能技术运算显著的特点，技术的便捷性使越来越多科学家开始探讨人工智能技术在其他领域的运用，以助于建设更加便捷的生活品质。

从历史角度来看，在人工智能技术发展近 70 余年的实践，其发展趋势十分曲折，大致可分为五个阶段。

第一阶段，迅猛之势成长阶段（20 世纪中期—70 年代初期），此阶段的人工智能技术发展刚刚起步，能机械利用感知器数学计算和模拟，模仿人的神经元反应来完成简单任务，引发科学界的争相研究。

第二阶段，技术研发滞缓阶段（70 年代初期—80 年代初期），由于人工智能技术研究的需求和研究的热情猛涨，而人工智能技术计算能力并不能满足研究需求，导致智能技术研究陷入停滞状态。

第三阶段，技术研发复苏阶段（80 年代中期—80 年代末期），在人工智能技术发展暂缓的时间中，算法的崛起带领着人工智能技术短暂地崛起了几年。

第四阶段，技术研发蓄力阶段（90 年代初期—2016 年），90 年代人工智能技术的算法崛起，带领着一系列新技术走出实验室融入社会，但由于算法运用的局限性导致技术研发昙花一现，此后便陷入了长期静默研究阶段，在这个阶段中，利用新的技术研发弥补算法的短板，为新的一轮人工智能技术浪潮蓄力。

第五阶段，蓬勃发展阶段（2016—至今），2016 年，以一场人机交战的结果，预示着人工智能技术已经达到了新的研究高度，进入了新的发展阶段，人工智能技术的应用领域也得到了进一步的扩张。

从智能化程度角度来看，人工智能技术发展可以分为三个阶段：弱人工智能，强人工智能、超人工智能。

（1）"弱人工智能"是人工智能技术发展的初级阶段，主要代表着应用型人工智能机器，在此阶段中，人工智能技术只能按照简单的程序指令，完成简单机械的任务，如无人驾驶、扫地机器人、洗碗机等。

（2）"强人工智能"随着人工智能技术发展到一定阶段，其算法能力等到进一步加强，此刻的人工智能技术可以称之为"强人工智能"，智能机器能够进入"深度学习""自主学习"功能，能更加形象具体模仿人的大脑去感知、辨别信息的能力。

（3）"超人工智能"是指智能机器不仅能够像人一样拥有思维、情感，拥有学习更新的能力，还能拥有比人更加快速正确地计算分析的能力。人工智能技术经过几十年的迅猛发展，目前该技术在智能算法、模式识别、机器学习、数据挖掘方面颇有造诣，也是这四个技能的发展，逐渐推动着人类社会进入智能技术时代，人工智能技术也深处于强人工智能持续探索阶段。

（二）教育风险

"风险"是指某种事情发生的不确定性，这种不确定性不仅是风险是否发生的不确定性，还有风险何时发生、风险产生的结果的不确定性，因此"不确定性"是"风险"重要的表现之一。目前"教育风险"一词在学术界尚未有统一定义。

有的学者从宏观上定义"教育风险"是在教育改革和教育实践的过程中，由教育系统外部和教育系统内部各种不确定因素对教育整体良性运行和协调发展造成损害性影响的一种可能性的关系状态或可将其则理解为教育的实际结果偏高预期目标，从而对教育结果带来损害的一种可能状态。而有的学者从微观上定义"教育风险"指教育机关和教育人员在教育工作中产生差错的可能性。

综上所述，可将"教育风险"定义总结为：对教育活动产生负面影响、阻碍教育达到预期目的的可能性状态。教育风险具有客观性（客观存在，只要有教育活动就存在教育风险）、延时性（产生的影响大多不会立马出现，存在一定潜伏期）、可控性（存在风险防范、应对的可能性）、非零性（并不能完全消除至零存在）等特点。

二、人工智能技术教育风险研究现状

"人工智能"概念在国外首次被提出，技术发展至今已有半个多世纪，在近年来开启了断层式迅猛发展，并在多个领域进行融合，人工智能技术的快速迭代与发展将持续给人类社会带来全面、深刻而长远的影响。人工智能技术在与教育领域融合过程中，也披露出技术应用所导致的风险隐患，且这些风险隐患与人类息息相关，不容忽视，亟需进行人工智能技术的教育风险理论研究和风险分析。人工智能技术的教育风险内涵研究，目前国内学术界针对"教育风险"一词尚未有统一定义，不同的学者持有不同看法。有的学者从宏观上定义"教育风险"，如倪娟（2019）主张"教育风险"

是在教育改革和教育实践的过程中，由教育系统外部和教育系统内部各种不确定因素对教育整体良性运行和协调发展造成损害性影响的一种可能性的关系状态。[1]而郑珊（2021）将其则理解为教育的实际结果偏高预期目标，从而对教育结果带来损害的一种可能状态。[2]而有的学者从微观上定义"教育风险"，如张育勤（2000）则认为"教育风险"是指教育机关和教育人员在教育工作中产生差错的可能性[3]或"教育风险"被特指为校园内安全遭受不利、伤害和损失的可能性。[4]

（一）人工智能技术的教育风险内涵

随着我国人工智能技术在教育中不断推进，国内学者们不仅着眼于探索人工智能技术与教育结合的新机遇，又不断思考着人工智能技术将给教育带来的新风险。因此，关于人工智能技术的教育风险研究也逐渐增多。

学者们从不同角度探讨人工智能技术给教育带来的风险。薛庆水（2018）认为人工智能教育应用中容易存在信息风险，如教育应用中的信息泄露、教育应用中的网络攻击、教育应用中的虚假、恶意信息传播。[5]孟传慧（2019）则担心人工智能技术引发职业替代风险。[6]谭维智（2019）认为研究人工智能技术实质是研究算法，容易造成算法黑箱、算法偏见、算法鸿沟以及过

---

① 倪娟. 教育风险：整体安全视域下的教育研究新视角[J]. 上海教育科研，2019（05）：23-28.

② 郑珊，周海银. 不确定视域下的教育风险及其应对[J]. 教学与管理，2021（33）：12-15.

③ 张育勤. 教育风险的类型及其防范[J]. 教育评论，2000（03）：12-14.

④ 袁栋. 甘肃省农村教育风险管理服务体系建设[D]. 兰州大学，2014.

⑤ 薛庆水，李凤英. 人工智能教育应用的安全风险与应对之策[J]. 远程教育杂志，2018，36（04）：88-94.

⑥ 孟传慧. 智能技术引发的职业替代风险与职业教育应对策略[J]. 成人教育，2019，39（03）：59-63.

度依赖算法给学生、教师学习成长和个性发展带来的潜在风险"。[1]冯锐（2020）则就伦理角度，探讨人工智能技术在教育应用中如何正确地做好伦理抉择。[2]

（二）人工智能技术教育风险的表现

目前，人工智能技术在教育领域的发展是不可或缺的，我国人工智能技术已经逐渐覆盖在教育的各个过程中。在此阶段，人工智能技术赋能教育的过程中也暴露出许多教育问题，如大量师生信息被泄露、教育过程中的算法偏见、技术依赖等问题，这些问题如果不得已解决，将日积月累成为教育事业中的危害，给教育带来风险，乃至破坏教育的价值。根据研究发现，人工智能技术教育风险主要表现在以下方面。

1. 师生健康风险

"健康"是一个人最宝贵的东西之一，在日常生活中，我们习惯将人类的四肢健全、没有疾病作为"健康"的判断标准，但"健康"的含义远非如此。根据世界卫生组织（WHO）对"健康"的定义；健康不仅是躯体没有疾病，还要具备心理健康、社会适应良好和有道德，因此可以从这几维度出发判断其"健康"状态。师生是人工智能技术教育应用中的主要主体之一，他们身处教育一线实践中，最能反映出人工智能技术在教育中融合的现状。

（1）心理健康风险是指由于在教育中加入人工智能技术的应用，技术的参与影响着教与学的管理、突破着教育模式，可能致使教师或者学生对

---

① 谭维智. 人工智能教育应用的算法风险[J]. 开放教育研究，2019（12）：20-30.
② 冯锐，孙佳晶，孙发勤. 人工智能在教育应用中的伦理风险与理性抉择[J]. 远程教育杂志，2020，38（03）：47-54.

于自身价值、角色、能力产生负面影响后所带来的心理问题，比如对技术的依赖崇拜或恐惧养成"技术心流"的陋习、自我角色和自我价值的困惑。人工智能技术始终是机器，并不能具备"人"感知和表达情感的能力，假若在人工智能技术的教育应用中，对人与人之间的情感上的教育缺失，可能将造成人与人之间一定心理问题存在。

（2）社会适应风险是指在教育中使用人工智能技术，对个体的社会适应能力造成的风险。师生们的教与学通过互联网、移动端实现时，减少现实中的人与人之间接触互动时，对师生人际交往能力的负面影响；师生们在习惯按照程序流程教育，习惯遇到问题直接使用智能 APP 照搬答案时，对师生创新学习能力、自主判断能力造成负面影响。而这些能力都是适应社会生活的重要法宝，当人类的这些能力缺失或者下降的时候，将可能给个体适应社会的能力造成考验。

（3）道德健康风险是在人工智能技术的教育融合过程中，对个体的道德修养造成的风险。由于人工智能技术发展仍处于初级阶段，尚未拥有人的情感，所以在人工智能技术的教育应用中，只是通过设定的程序机械判断和运算所采集的数据信息，不能结合现实情景进行情感感知、分析，对不能在日常教学工作中师生的道德评判、或者进行道德认知教学，因此可能导致师生道德冷漠、道德行为失范等。

2. 师生职业风险

"职业"是指个人在社会中所从事的工作，大多数的人都拥有属于自己的职业。新兴技术的出现且达到较为成熟的阶段时必将给原有的社会就业模式带来冲击，师生职业风险是关系人工智能技术的教育融合的关键因素之一，主要是指人工智能技术教育对于教师和学生的职业带来的负面影响。研究发现主要存在两种风险，一个是关于职业素养风险，另一个则关于职业发展风险。

（1）职业发展风险主要指的是人工智能技术对于师生们的就业发展前景中、社会行业发展过程中可能存在的风险，通过对这些风险的识别，找出风险应对的方法，以期达到良好的职业发展的目的。在文献整理过程中发现，人工智能技术给师生带来的职业发展风险主要集中在，就业极化现象严重、工薪收入不平等、工作替代风险、集体力量弱化等。

（2）职业素养风险是指人工智能技术对师生所带来的职业相关素养上的风险，职业素养是人类在社会活动中需要遵守的行为规范，师生在职业中所秉持的素质影响着职业的发展。其中人工智能技术在教育的使用过程中可能会影响的素养，师生对于职业道德、职业责任、职业技能的认识和掌握是人工智能技术的教育风险中需要判断的一个风险因素，主要包含着专业道德边界僭越、职业责任胜任减弱、教师教育技能削弱、表层化教学事故发生等。

3. 教育治理风险

教育治理风险是指在教育治理活动中，应用人工智能技术所可能产生的风险隐患，在教育治理中常见的主体是学校或者教育相关部门，他们主要通过人工智能技术改善传统以经验为主教育治理模式，高效率完成教育数据处理与分享、智慧校园建设等。不可否认的是人工智能技术为教育提供了现代化的手段，为实现教育治理现代化做出融合创新的贡献，但也给教育治理带来了不确定性的安全隐患。"教育治理"作为教育事业重要组成部分之一，它所导致或将导致的安全隐患也是教育中应该预防关注的重点，因此，对人工智能教育治理进行风险分析十分必要。人工智能技术在教育治理中主要存在着数据治理和制度治理两方面的风险。

（1）数据治理风险强调在教育数据在管理中应用人工智能技术可能会

面临的风险，如数据信息的采集不当、数据失真失信、数据遗失等风险导致教育治理困难。

（2）制度治理风险主要指的是对教育信息的制度管理，信息的法律责任主体和边界模糊问题、在智能信息传递过程中存在着信息传递与表达规制失范的问题，这些风险的存在将给教育造成一定的安全隐患。

（三）人工智能技术教育风险的成因

1. 人工智能技术本身的局限性

人工智能技术在教育中的影响力巨大，在与教育领域融合过程中能赋予教育事业不断革新的能力，但技术是一把双刃剑，在技术运用过程中也伴随着一定风险。而人们在使用人工智能技术时，容易被技术表面的、直观的有益性所吸引、所诱惑，忽视或低估人工智能技术本身的局限性。

人工智能技术自身携带的不确定性和不可解释性是技术主要的局限性，亦是造成教育风险的重要原因。技术的不确定性和不可解释性随着技术发展而更加严重。例如在弱人工智能的教育应用中，使用者能根据智能技术的使用进行判断、构建解释，但随着人工智能技术的进一步发展到更为先进的计算阶段、拥有更先进的计算能力时，人工智能技术的教育应用者将很难对技术如何运行和决策作出解释，将可能失去对技术的控制。

而在人工智能技术赋能教育教学的现实实践中，大多数学校为了更加体现本校现代化教学实力和水平，迫切建立"智慧"校园、"智能"校园等，且在教学课堂、教育管理、教学评估等中盲目使用人工智能技术。人工智能技术的使用者的智能科技素养与智能技术的发展不相匹配，导致对于人工智能技术所携带的不确定性与不可解释性更加忽视，陷入教育技术的错误应用与教育风险横生的恶性循环之中。

2. 智能教育技术认知的冲突性

技术认知冲突是人工智能技术在教育应用中存在风险的原因之一，技术认知冲突的主体涉及多方面，主要来源于人工智能技术的相关教育主体、业界研发主体、学界实践主体。人工智能技术在教育领域发展之际，便招致了多方舆论的考验，不同主体间对于人工智能技术的教育应用存在不同的认知，如散播人工智能技术终将代替教师职业、宣传人工智能技术对于教育的福音等言论，不同群体的差异性的认知能力，将导致人工智能技术在教育中的发展有所不同，对于人工智能技术的教育风险认知也如此。

常见的认知差异主要来自科学认知与经验认知的矛盾，这两种认知是人类主要判断事物的依据。当前，我国部分智能技术的科研人士和较少的教育工作者能秉持着对于人工智能技术的教育应用的科学认知，大部分对其仍处于经验认知阶段，这种认知差异受认知能力、认知素养、认知条件等影响。不同教育主体间对人工智能技术的认知差异将导致人工智能技术在教育的发展中存在一定影响，群体间对于人工智能技术的认知的统一向度能为智能教育提供风险防范和理性应用支持，且决定着人工智能技术在教育中发展的广度与深度。

3. 教育相关主体利益的矛盾性

教育生态是一个不以人的意志为转移的内生复杂系统。教育系统由众多的利益主体组成：学生、家长、老师、商业培训机构、政府管理者等，商业性质的主体加入使教育系统的公益性价值削弱，尤其在智能科技发展腾飞的当下，教育领域成为商业资本竞争的新战场。现阶段互联网公司、科技公司等掌握着人工智能技术的研发技术与能力，使教育生态系统中商业化性质进一步明显，教育系统间主体的人工智能技术的认知矛盾，不同主体看待人工智能技术在教育中应用的侧重点不同，导致对人工智能技术在教育中的态度不一致，彼此间认知冲突导致教育相关主体不断存在着利益冲突、矛盾。在当前人工智能技术的教育中，接纳新兴技术成为教育中的重点革新的环节，却在实践过程中忽视教育相关主体利益的矛盾性，这将给教育生态系统带来冲击，影响着教育风险发生的频率和程度。

4. 教育应用过程监管的失范性

技术犹如一把"双刃剑"，人工作智能技术也不例外，技术一旦失去监管的约束，将会导致难以估量的危害。人工智能技术教育应用的过程中监管失范即指在技术使用过程中缺乏一套行之有效的约束举措，谁来监管、监管什么、如何监管等问题的杂糅与混淆。

现实生活中，常见的监管手段是法律制度等的硬性约束和道德文化等的柔性约束，而现阶两种监管手段的应用效果均难达预期。一方面，法律制度监管建设落后于人工智能技术的发展速度，至今我国甚至是世界范围内尚未有一部完整的专门法律来解决人工智能技术在教育中凸显问题纠纷，这导致法律制度对于人工智能技术的监管存在力不从心，难以发挥约束作用：另一方面，道德文化等柔性约束的前提是被监管者的自我意识和价值观念的接受，常常因为缺少监管的强制性而效果不佳。人工智能技术在教育应用过程中，由于硬性、柔性监管的失范性，智能技术给教育所带来的教育风险成为教育智能化道路上的一大考验，影响着教育现代化的进程。

因此，人工智能技术在教育应用过程中难以划分监管权责、区分风险因素、建立监管体系等导致人工智能技术在教育中存在监管空白，给迅速发展的人工智能技术留有不稳定性的安全隐患，逐步塑造了人工智能技术的教育风险滋生的摇篮。

5. 教育应用风险评估的滞后性

人工智能技术在教育应用中发展迅速，国家、地方层面均积极推进人工智能技术的产学研结合发展，在高校、中小学等推进人工智能技术进入校园管理和课堂教学活动，先后建立数百个虚拟仿真实验教学中心等推动人工智能技术的教育应用。然而，我国当前针对人工智能技术在教育中的风险评估却远远滞后于技术的发展。

人工智能技术在教育中风险评估不仅仅是对人工智能技术的教育应用中监测和预测风险发生的可能性，还需对于教育风险产生的后果的衡量、风险应对措施的探寻。

但至今，对于人工智能技术的教育风险评估只停留在对于生命健康风险的防范阶段，主要体现在人工智能技术使用的相关安全守则中，学术界尚未有一套科学有效的人工智能技术的教育风险评估体系，对人工智能技术的教育风险评估仍处于对于教育风险类型的研究阶段。

三、人工智能技术的教育风险应对策略

（一）提升教育风险认知水平

人工智能技术在教育中融合使用初期，教师或学生都可能会对其产生猎奇—抵触等复杂的心理，有的人在初尝新技术便利的"甜头"时，逐渐养成依赖技术的心理；有的教师悲观认为人工智能技术会对自己职业造成威胁，从而完全排斥技术……因此在教育中，人们对于人工智能技术的态度两极分化严重，科学认识智能技术。拥有正确的教育风险认知变得尤为重要了。

风险认知是指在人工智能技术的使用中，教师和学生能够凭借着自身的经验与感受，对可能会产生的教育风险做出一系列反应判断。师生的风

险认知会因为阅历的不同，导致风险认知水平、认知能力不同，需进行教育风险认知学习，帮助风险认知水平的提高。可以通过进行风险认知测试、风险认知培训、风险认知学习等帮助师生加强风险认知感，减少由于风险认知水平、认知能力不同带来的风险认知误区，有助于树立正确的风险认识感，达到有效地避免或减少风险因素产生可能性的目的。

只有科学正确意识到智能技术对教育作用和风险，才能接受和配合人工智能技术将会给教育内容、教育手段。教育评估等带来新的教育变革，推动教育的智慧发展。意识到人工智能技术的快捷性后，也应坚持科学合理利用智能技术，做到不依赖、不迷恋，在日常使用中掌握科学使用方法，控制好使用时间、使用频率，将人工智能技术可能会对人类机体造成的损击降至最低。

（二）良性互动规避技术束缚

由于人工智能技术在教育中便利、智能的特点，教师在教学过程中只需要按照特定程序设定课程，学生按照程序进行学习，知识便轻松获得。那么在日复一日的长此以往的教与学的过程中，教育开始变得机械化、流程化，将会失去教育的艺术性和魅力性。而在这种情况下，老师和学生也可能开始产生自我怀疑，失去教学的成就感、学习的成就感等。因此，需要在人工智能技术与师生间建立良性互动，帮助克服和调整师生在课内活动中产生的挫败心理，不断地提高自我成就感。

建立良性互动的前提是人工智能机器和师生明确自身在教育中的角色定位。当前，人工智能技术在教育中承担着相应教学任务，存在"类主体"现象，为避免人工智能技术冲击教育事业，需将教育中人工智能技术和教师的工作进行分工：人工智能技术从事教育中如学情分析之类的基础工作；教师从事高级的情感教育、价值培养等。既能在日常教育中减轻教师的责任和压力、重拾教育的自我价值，又能帮助教师减少技术依赖、合理利用人工智能技术。

建立良性互动的关键是人工智能技术和师生能搭建平等交流的舞台，师生间的平等交流打破传统教育中老师是知识"绝对权威者"的枷锁，在人工智能技术的时代，师生处于相同的技术学习者的地位，具有在人工智能技术的教育中共同学习、共同进步的特点。在这个师生平等的舞台上，有助于帮助学生自主学习，积极对话研讨、创新进取，有助于帮助师生掌握学习的主动权、帮助独立性人格的塑造，从而避免技术的约束。

（三）凝聚社会道德认同力量

人与智能机器主要的区别是在于人是具有情感的动物，会在传统教育中养成道德意识、道德观念，而这是目前人工智能技术在教育中尚未能实现的功能。倘若百目追求人工智能技术在教育中的高效融合，忽视师生对于情感的教育与学习，将会导致师生情感体验感下降，人所具备的正义、诚信等道德观念意识将逐渐减弱，造成师生的道德冷漠或者道德行为失范。

为解决人工智能技术可能导致的道德健康风险。需要相关部门、机构在人工智能技术密切与教育融合中，发挥"人"的情感作用，用道德主题教育填补智能机器教育中"情感"的空白，使师生在教育中既能发挥智能教育的便利性、又能发挥道德教育的价值性。定期开展道德主题教育，从思想觉悟、道德意识、道德习惯等角度不断提高和增强师生的道德素养。

"使全体人民在理想信念、价值理念、道德观念上紧紧团结在一起。"[①]是党的十九大发出的号召，道德建设和道德教育需要引起全国人民的高度重视。需进一步增强人民对道德的高度认同，形成道德观念上的最大公约

---

① 习近平. 决胜全面建成小康社会 夺取新时代中国特色社会主义伟大胜利[N]. 人民日报，2017-10-27.

数。即用道德认同促进道德团结。此工作需要社会、学校和家庭协同努力。用道德建设和道德教育增强道德认同感。道德认同感促进道德团结、凝聚力量。

（四）树立科学正确职业理念

职业理念是指由职业人员形成和共有的观念和价值体系，是一种职业意识形态。正确的职业理念强调职业理念的适宜性和实时性.适宜性意味着职业理念需要与社会实际结合且适宜；实时性则代表职业理念需要与时俱进、不超前、不滞后脱离现实基础。人工智能时代中树立正确的职业理念，需要与当前时代背景相结合相适宜。树立科学正确的职业理念需要保持端正积极的职业态度。将工作与自身发展联系。形成坚定的职业意识、职业信念，正确认识到职业的意义和价值. 形成良好的职业道德、职业情操等。人工智能时代树立正确的职业理念需要从三个基本点出发。

（1）在选择职业时应遵循和满足国家和社会的需求。将自身职业选择与国家民族未来联系献出一份力量。

（2）接受人工智能技术的发展。学会科学合理使用智能技术，通过智能技术将工作中的事务去繁化简，提高工作效率。

（3）正确看待职业危机。将职业不再当作一成不变的"铁饭碗"，随着人工智能技术的发展。部分职业尤其是服务性质的职业将会被智能机器人所代替，但不能一蹶不振，陷入杞人忧天的境地。

（五）变革传统人才培养模式

目前，我国人才培养存在着的人才培养定位备受传统思想的桎梏、人才培养过程中创新性不足等问题。造成人才培养模式上难以得到突破。人工智能技术的教育风险中所衍射出的风险刚好也反映了目前人才培养模式中出现的难题，变革当前的人才培养模式变得尤为重要。

一方面变革人才培养模式需要突破传统人才培养模式的思想桎梏，结合时代的背景更正传统人才培养目标，将传统的以"高薪职业定人才"的思想转化为"以需求定人才"。促进人才的培养和发展符合社会发展规律，培养的人才是时代所需。

另一方面在人才培养中重视现代化智能技术的积极作用。培养"互联网＋X""人工智能＋X"等创新型和复合型人才。拓展人才培养渠道的深度和宽度。增强人才的信息技术现代化的能力。可以通过重构和优化教育课程、教育教材体系推动人工智能与教学过程的融合。利用人工智能创新教材形态和形式.积极开发智能化、多样化和动态化的教育场景。

值得注意的是在力求人才培养过程中技术创新时.需了解现代智能技术的局限性——非"人"性，通过在人才培养中重视"人"的特殊情感体验培养，清晰了解教育的目的是培养现代化技术型人才而非现代化"机器"。需在日常教育教学中弥补智能体在人才培养中的局限。

（六）终生学习培养通用能力

终生学习，活到老学到老。随着社会经济、技术的快速发展，为避免被时代淘汰.终身学习将成为未来人们获取职业技能和适应时代发展的重要途径叫。培养终生学习理念。

一方面，需要提高学习兴趣。兴趣是最好的"老师"，在教育教学过程中，要善于引导不同类型的学生产生学习兴趣，激发学习潜能。养成主动学习的习惯。

另一方面，是培养谦逊好学的能力。无论老师还是学生。在人工智能时代中，知识的获得渠道更广、效率更高。这却容易引发他们骄傲自满的心理，认为智能技术就能满足知识的摄取。便在知识的便捷获取中迷失自主探索的动力，不愿努力钻研.所有需要通过培养谦虚品格来意识到知识和技能的价值与意义。

终生学习是提高个人发展的重要方式，也是应对人工智能技术发展中可能带来的职业替代风险的重要手段。为应对智能时代职业替代的风险，应重视人才的通用能力培养，保障未来职业生涯的可持续发展，从而降低职业替代的可能性。

首先，从教育制度上调整教育重心。制定教育政策。以培养师生全方面发展、可持续发展为目的。协助师生树立终生学习的理念，促进专业能力与职业通用能力齐头并进、均衡发展。

其次，构建职业替代风险评估指标体系。以发掘—预估—评估—解决为评估系统内在逻辑，帮助师生解决职业相关的现实问题。

最后，形成中国特色的职业通用能力标准检测。以结合中国的现实国情。参考国内外经典的职业通用理论为理论指导，制定职业通用能力标准。以达到增强职业通用能力的目的。

（七）建立数据联合监管机制

数据风险联合监管机制的建立需要确保教育数据治理主体多主体协作参与。搭建协作—监管—反馈的数据风联合监管机制，以保障教育数据信息的安全有效收集、储存与使用。

划分各主体的监管内容和规范监管流程。多方主体协作强调着将工作进行细分。将工作落实到各主体，以助于提高治理的效率，教育数据治理的主体涉及教育部门、科技公司、学校等组织。应划分每一组织在教育数据治理过程中扮演的角色和承担的工作内容，并根据其角色与内容制定相应的风险监管流程。

提高教育数据治理主体们的专业能力开展人工智能技术管理者的专业

能力培训与考核。督促数据治理主体时刻警惕数据信息安全有效的重要性。掌握数据来源的最新动态，帮助其掌握数据采集、存储过程中的专业方法。增强数据信息安全和数据质量管理的意识。

从源头上进一步公开透明人工智能技术在教育治理中的确定性和解释性，通过对智能技术的升级和改善。建立风险防火墙达到只需输入指令或规则，就能赋予教育治理的人工智能技术系统的自我数据"排异"能力。

对异常和偏差数据进行识别和标注，减少人工筛选数据的劳动成本。最后，对每个数据治理监管流程中存在的问题进行收集整理。及时进行问题的反馈。把握各流程中人工智能技术的教育风险滋生的动向．积极采取应对措施。

（八）加快教育风险法治建设

由于人工智能技术的教育风险的隐蔽性和频发性，人工智能技术的教育风险治理在实际应用过程中，更加需要依靠法律法规的强制手段加持，以达到教育风险治理的目的。因此。加快人工智能技术的教育风险法治建设是应对日益凸显的智能技术的教育风险矛盾重要举措。

夯实教育风险法治建设基础。由于我国人工智能技术的教育应用的历程较短，相应的教育治理法律法规配套建设滞后。对人工智能技术造成的教育风险的治理难度增加。夯实教育风险法治建设基础，一方面建立相关教育风险法治组织。规范机构设置和职能配置，构建科学规范、运行高效的机构教育风险治理职能体系。另一方面，推进教育风险法治人才队伍建设。用政策制度等手段激励更多人才队伍加入风险治理队伍，提高教育风险治理队伍活力。

加快教育风险法治体系建设。一方面，加快人工智能技术的教育治理的立法完善中国特色社会主义教育法律制度体系。提高制度供给水平，及时将党的主张、人民诉求、基层实践上升为法律规范、转化为国家意志、固化为制度要求。另一方面，加强人工智能技术的教育风险治理法律法规落地执行。做好人工智能技术的教育风险的法治建设和普法宣传，增强人工智能技术在教育治理中的风险意识，提高教育风险治理的智能水平和治理能力。

第二节　人工智能应用与教育的伦理风险规避

经相关调查显示，随着人工智能技术的教育的普及，人工智能技术的教育伦理层面风险需引起重视。其中风险因素项中的情感伦理、技术伦理、资源服务的准则层存在风险严重性较高。

教育的伦理风险是指人工智能技术在教育应用中面临众多伦理问题，例如情感问题、隐私问题、安全问题等。教育伦理是确保教育活动符合道德规范、协调利益关系、趋向教育价值与善的基本准则，表征为教师的育人价值、推动学生的全面发展和实现教育的美德与善行。

人工智能的教育伦理风险主要包括情感交流风险、师生关系伦理、智能技术伦理、资源服务伦理等。

情感交流伦理是指师生、家校等教育相关者的交流主要依靠设备、机器等导致交流内容逐渐机械化，师生面对面"耳提面命"的传统教育模式逐渐改变，师生间的交流互动减少，学生从老师那里得到的情感因素学习减少，长此以往不利于整个社会情感学习的发展。师生关系伦理也随着情感交流的减少而相应的存在师生关系淡漠的风险，师生主体间教育功能弱化，或者因为人工智能技术违背教育理念，在应用技术过程中存在主观介入而导致教育评价的偏见等。资源服务伦理主要侧重着在人工智能技术的应用过程中，导致人工智能技术的智能化服务过程中存在纰漏导致隐私泄露、信息失真等。

应对防范策略需重点考虑人工智能技术在教育中的情感、技术、服务伦理间题。如何避免人工智能应用与教育的伦理风险可以通过以下几点进行规避。

一、增强智能与人文结合度

人工智能技术的发展帮助了更多人突破时空的界限，可以在网上工作、学习和交流。从而导致人类社会发展越来越依赖于技术的应用。使得人与人之间面对面交流的频次和时间相对减少。不能即使捕捉交流过程中的情感变化，可能使人与人之间的社会关系变得冷漠和疏远。教育若失去了情感人文关怀将是冷冰冰的知识灌输机器，情感关怀是教育生命力滋润的重要体现。这也是目前人工智能教育亟需解决的问题。由于人工智能尚未形成情感体验能力，因此在教育情感关怀缺位。为避免情感关怀缺位造成的教育风险。需要重视智能体与人文情感的相结合。以人工智能的"智能教"与教师的"情感育"相结合，探讨教育如何回归育人的本质。

人工智能技术与人文情感的结合：一方面，呼吁在教育中更加关注人文价值、人性和人格，在教育中体现人生命的艺术性，彰显人的主体性价值。而这是目前人工智能技术尚不能独立完成的目的，需要借助教师的情感感知能力达到。另一方面，需要借助人工智能技术的多模态情感识别技术促进师生情感交互，将人脸识别技术、语音识别技术和自然语言处理技术融合。综合不同模态的情感信息来提高人工智能技术的情感识别的准确度。来优化教师的情感表达和情感决策.增强师生情感互动。

通过增强人工智能技术与教师人文关怀相结合。在此基础上，对学生的情感感知能力、社会情感学习能力进一步加强。提高个人在情绪、情感、意志、耐受挫折等方面的应对能力。在教育中实现情商学习和智商学习共同进步。

二、构建教育主体伦理制度

师生作为教育的重要主体部分，是推进人工智能技术教育主体的伦理建构的源动力。构建人工智能伦理制度是顺应人工智能技术发展的必然趋势。人工智能技术在教育中暴露的伦理风险，也是缺乏健全的伦理制度的现实演绎导致。目前，国内外虽为人工智能技术制定了多项伦理标准。但大部分是从宏观角度。尚未就具体应用领域做出伦理建构标准。因此，教育中的伦理风险问题反映出在教育领域中的构建价值。

构建人工智能教育主体伦理制度需要权责的划分和制度的调控。

一方面，确定人工智能技术教育主体在技术应用时的标准与边界。明确教育主体的伦理权责，保证人工智能技术在教育中安全应用的最大范围。教育主体间的伦理间制度的建立需要政府、科技企业和学校相互协作形成良性合力，政府制定相关法律保障教育主体的法理地位。科技企业、学校协助师生形成智能技术的科学应用观念、塑造主体责任意识，帮助师生建立良性互动。以助于增强主体间教育功能。

另一方面，重视人工智能技术的教育主体制度调控，对教育主体间伦理角色、教育功能、教育关系的调控，即使纠正和应对教育主体间的错位风险。帮助主体间掌握伦理风险管理流程。从风险识别、风险监督、风险应对、风险评估等环节进行教育风险防范措施培训，科学落实主体间教育权责帮助问责程序的正确运行，保障人工智能技术的教育主体在伦理制度范围内合法权益，填补主体制度调控空白。

三、完善技术应用监管体系

人工智能技术为中国的教育事业发展带来了良好的契机。中共中央、国务院 2019 年印发的《中国教育现代化 2035》表明了我国建设智能化校园的决心，通过人工智能技术、大数据、互联网技术等统筹运用改变教育模式。由此可见。运用现代化智能技术成为国家教育发展的重要技术。而技术是人工智能＋教育中完美融合的催化剂。通过智能技术帮助教育实现跨地区、跨时区界限的多功能化教育，并且通过技术将教师从传统教育中繁重的教学任务中脱离出来，实现高效教育。然而，技术始终是把双刃剑，"技术黑洞""算法歧视"等问题也随着人工智能＋教育活动中凸显。为解决人工智能技术的教育技术伦理问题，则需要完善技术应用监管体系，秉持教育技术公正透明原则。

完善人工智能技术在教育应用中的全程监管体系。首先需将法律制度根植在教育应用前的教育风险防范、教育应用中的风险应对、教育应用后的风险反思流程中，用坚固的法律制度应援保证技术运行符合人类教育价值观，避免技术异化而导致的伦理风险。其次完善人工智能技术的教育风险评估体系。依靠教育风险评估对技术的不确定性和不可解释性进行评估.根据教育风险发生的可能性和风险后果配套风险应对措施。保证人工智能技术运行的安全。最后秉持人工智能技术公平透明原则，需要从技术设计和技术运用两方面保持技术公平透明。技术设计是源头上在技术设置中公开设计技术的目的、伦理标准。设置公平的算法原则。保证更多教育工作者参与人工智能技术的使用，减少技术使用歧视。技术运用中公开技术的用途、数据算法规则，赋予技术规则的知情权。

四、加强资源服务风险防范

促进教育资源服务的整合和共享是人工智能技术在教育应用中的重要作用之一，人工智能技术的资源服务也是产生教育伦理风险的主要源头之一。加强人工智能技术的教育资源服务风险防范变得尤为重要。

首先，规范人工智能技术的教育资源服务平台。平台的建设需要保证资源服务的教育效益性，以实现智能化教育公平是平台建立的主要目的.明确教育资源服务的对象和资源服务的形式与内容，以有针对性的资源服务避免资源浪费。

其次，健全资源服务的伦理审查机制，对资源服务的教育伦理风险进行识别，然后将风险进行分类，以便在资源服务的各个环节引入伦理风险的监测机制.提高资源服务风险防范的效率。

最后，增强政府部门和学校对于教育资源服务风险防范的协作能力。提高两者对人工智能技术的教育资源服务的监管和间责地位。帮助采取法律和制度规范人工智能技术的教育服务资源本身的价值性和其推送、共享、收藏等措施的安全性。降低因资源服务的失真、资源服务的滥用等造成的伦理风险。

通过对资源服务平台的规范、资源服务过程的审查、资源服务管理的监管和间责。将人工智能技术的教育风险的防范措施健全，维护人工智能技术应用在教育中的初衷——实现教育资源服务的公平效益。

五、规范治理制度责任体系

随着人工智能技术在教育应用中的程度日渐深入。传统教育治理模式必将更新迭代。为防范人工智能技术在赋能教育过程中带来教育治理风险。必须探索以人工智能技术教育治理新模式。目前，人工智能技术的风险治理主要依托教育部门进行全面统筹，教育部门根据人工智能技术教育现状、探寻教育风险治理之策、风险治理实效和成果较为不足。需进一步完善教育风险治理结构。保障人工智能技术的教育顺利运行。

为完善教育风险治理结构，首先应该扩大人工智能技术的教育风险治理主体范围，将政府、学校、家庭、社会组织等纳入治理主体中，构成教育风险治理的协同治理的局面。其次在人工智能技术教育治理主体范围后，为维护主体间的关系和保障主体间的利益。建立人工之智能技术教育治理体系的法治基础，依法约束主体间的治理权责。最后，规范与完善教育风险治理追责体系。通过完善风险治理追责体系。明确教育治理风险中法律责任主体与法律责任边界，将教育治理中主体模糊、边界模糊的历史问题解决。

人工智能技术出现为社会提供了一种新的教育治理模式，为实现教育治理现代化提供了新的思考与新的挑战。通过完善教育风险治理结构，规范治理制度责任体系。有助于形成各教育相关者主体间教育信息流动、形成风险治理精准高效的教育治理场面。

第五章　智能教育技术应用与高校教学创新

第一节　智能技术促进高校教育教学发展的理论基础

科学技术作为第一生产力，科学技术变革与创新推动着生产力和生产关系的发展，与此同时，产生了与社会发展、科技发展和人类需求相适应的教育教学，带来了教育教学环境、内容和方式的改变，并由相应的教与学理论做指导。智能技术促进高校教育教学发展研究既需要吸纳建构主义学习理论、信息加工学习理论、认知外包理论等相关内容。

教学理论主要研究教学的现象、问题和规律以及教学方法和策略。教学理论源自教学实践并指导教学实践，关注"怎么教"和"如何促进学习"。学习理论描述学习的性质、过程和影响因素，阐明"学什么""怎么学""学到什么"。

乔纳森用"坐标图"来分类说明指导不同教学方式或学习方式的教与学理论，如图 5-1 所示。[1]也有学者认为，建构主义是认知主义的一个分支，其哲学基础相同，即都强调主观（内部心理过程）与客观（外部刺激）相结合。[2]

何克抗认为，指导我国教育教学发展的教育思想是"主导—主体相结

---

[1] Jonassen D H. Objectivism versus constructivism: do we need a new philosophical paradigm?[J]. Educational Technology Research&Development，1991，39（3）：5-14.

[2] 何克抗. 中国特色创新型教育信息化理论与实践[M]. 北京：人民教育出版社，2019.

合”，其理论基础可分为教与学两个维度，如图 5-2 所示。[①]“学教并重”的学习理论吸纳“以教为主”“以学为主”之所长，如建构主义的学习理论、信息加工学习理论等。在这些理论的基础上，我国学者探索提出了“信息技术与课程深层次整合理论”“数字化学习理论”“协同学习理论”“移动学习理论”“协作学习理论”“教学结构理论”“学习元理论”“认知外包理论”等多个理论。

建构主义
行为主义
动作技能学习
认知工具
认知主义
程序教学
智能辅助教学系统
客观主义

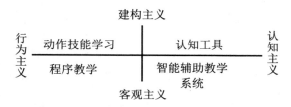

图 5-1　乔纳森关于教与学理论的分类

教学理论
赫尔巴特：五段教学法
凯洛夫：新五段教学法
赞科夫：教学发展理论
巴班斯基：教学最优化理论
布鲁纳：学科结构课程理论
奥苏贝尔：传递-接受模式
加涅：学习条件理论
建构主义的教学理论
支架式教学策略
抛锚式教学策略
随机浸入式教学策略
自我反馈教学策略
以教为主
以学为主
斯金纳：联结主义学习理论
加涅：学习联结-认知理论
布鲁姆：掌握学习理论
奥苏贝尔：接受学习
建构主义的学习理论
维果斯基：最近发展区理论
皮亚杰：儿童认知发展阶段理论
布鲁纳：发现学习理论
情境认知理论
分布式认知理论
学习理论

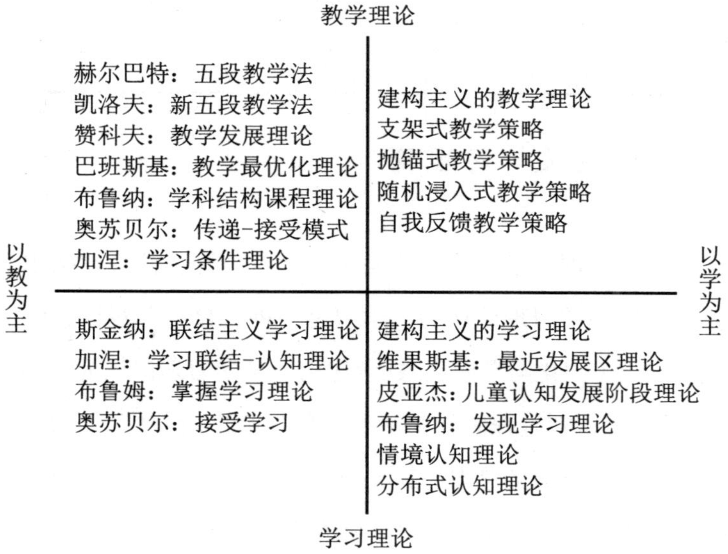

图 5-2　何克抗关于教与学理论的分类

① 何克抗. 中国特色教育技术理论的建构与发展[M]. 北京：北京师范大学出版社，2012.

陈琦和刘儒德从行为主义、认知主义、人本主义与建构主义等视角分析学习理论，如表 5-1 所示。[①]这些理论对智能技术促进高校教育教学发展具有不同程度的指导意义，对建构主义学习理论、信息加工学习理论、认知外包理论的相关内容作为研究的理论基础。这些理论具有普适性，又具有在高校智慧学习环境中指导智能化教与学的特殊性。

表 5-1　学习理论的研究与进展

主要学习理论流派	学习理论研究内容	学习理念的发展
早期学习理论	日常生活中的学习	学习是经验与联想
刺激—反应学习理论	实验室中的学习	学习是刺激—反应的强化
认知学习理论	学校、课堂中的学习	学习是学习者内部心理结构的形成和改组
折中主义学习理论	实验室中的学习学校、课堂中的学习	学习不是简单的刺激—反应的联结，而是刺激—机体—反应的过程，结果形成"认知地图"
	日常生活中的学习	学习是自我强化、替代强化等多种强化的结果
人本主义学习理论	学校、课堂中的学习日常生活中的学习	学习是寻求潜力的充分发挥
建构主义学习理论	学校、课堂中的学习日常生活中的学习	学习是学习者意义的建构学习是社会互动与协商

一、建构主义学习理论

建构主义学习理论分为个体建构主义学习理论和社会建构主义学习理论。个体建构主义学习理论认为，学习是一种"自我"建构，强调内因和外因的相互作用（同化与顺应）。社会建构主义学习理论认为，学习是一种"社会"建构，在认知过程中强调基于社会背景的"活动"和"社会交往"。情境、协作、会话和意义建构是其关键要素。[②]

建构主义学习理论辩证地看待教师的作用，认为知识不全是通过教师

①　陈琦，刘儒德. 当代教育心理学[M]. 北京：北京师范大学出版社，2007.
②　何克抗. 建构主义——革新传统教学的理论基础（上）[J]. 电化教育研究，1997（3）：
　　3-9.

传授得到的，同时认可教师在学习过程中对学生的指导作用，即学生从教师那里得到帮助，教师是意义建构的帮助者和促进者。对于高校教学来说，同样强调教师的主导作用，而且在智能技术的支持下，能够延伸和提升教师的教学智能，知识传授类工作可以借助智能机器和智能系统使教学活动更高效；对于学生的帮助和指导，智能助教也可以参与其中；教师将实现角色的转变。

建构主义学习理论强调学生的认知主体作用，以学生为中心，学生在学习过程中是主动地进行信息加工和意义建构，主动地获取资源，而不是被动地接受外部刺激。当然，在这个过程中，学生需要借助他人的帮助，既可能来自教师和学习伙伴，也可能来自智能助教和智能学伴，以有利于实现人机协同学习。

学习在一定的情境，即社会背景下发生，并与周围环境相互作用。在智能技术支持下，有可能构建虚拟仿真的学习情境，学习在虚实融合的智慧学习环境中发生，师生共同构建网上学生社群和教师社群，并提供数字资源和在线学习支持服务。学习资源既可以是学生主动获取的，也可以是教师提供的，或是基于大数据分析技术由智能学伴精准推送的。因此，智能技术不仅没有削弱"社会建构"的本质，而且创造了更多促进"社会建构"的条件，增强了学习体验和提升学习效果。

在建构主义学习理论指导下，常见的教学策略包括支架式教学策略、抛锚式教学策略、随机进入式教学策略、自我反馈教学策略等。在智能技术赋能下，教师可以在其擅长的环节优化教学过程。

二、信息加工学习理论

信息加工学习理论认为，学习过程类似计算机信息处理过程，包括接受刺激、引起行为、习得知识的过程，因此可以用人脑加工信息来解释人类的认知过程。美国著名的教育心理学家加涅结合行为主义与认知主义的学习理论，用信息加工模式来解释学习活动，提出信息加工学习理论，如表 5-2 所示。①学习是学生和环境相互作用的结果，在智能技术支持下，学习环境演化为虚实融合的智慧学习环境。学习过程是信息的接受、处理和使用的过程，智能技术为学习过程提供更丰富的信息加工策略和学习方法。信息加工学习理论提倡"有指导地发现学习"，此外还强调学生的主体作用和教师的主导作用，具有很强的实践性。有效的教学和学习要求教师根据学生的内部学习条件，在智能技术支持下创设适当的外部条件和学习环境，以促进学生有效地学习。

表 5-2 加涅的信息加工学习理论

要素	描述
九段教学法	引起注意、告诉学习者目标、刺激对先前学习的回忆、呈现刺激材料、提供学习指导、诱引行为、提供反馈、评定行为、增强记忆与促进迁移
八类学习	信号学习、刺激—反应学习、动作连锁、言语联想、辨别学习、概念学习、规则学习、问题解决或高级规则学习
五类学习结果	言语信息、智慧技能、认知策略、动作技能、态度

从教学过程来说，加涅的九段教学法广为流传，包括教师引起、维持或促进学生学习的所有行为，师生借助技术和媒体进行教学交互活动。智能技术介入其中，有助于优化其流程。例如，富媒体技术对于引起注意、呈现刺激材料等更具有优势，智能助教可以协助教师为学生的学习提供指导，数据驱动的教学评价更精准。

从学习方式来说，加涅提出八类学习，学生借助智能技术进行学习，如探究技术、沟通技术、建构技术、表达技术和管理技术，将有助于促进学生进行有效学习。对于五类学习结果来说，智能技术能够明显增强前四

---

① 徐碧波. 信息加工理论与加涅的学习观[J]. 外国教育动态，1988（1）：19-23.

类学习成果。所以，信息加工学习理论对于智能技术促进高校教育教学创新具有指导价值。

三、认知外包理论

分布式认知理论认为，认知过程不局限于个体的大脑，而是分布在个体内、个体间、媒介、环境、文化、社会和时间等之中，是对内部和外部表征的信息进行加工的过程。智能技术、机器及其系统逐渐成为辅助学习的重要工具，为人类认知方式的改变带来新的契机，辅助人类处理超越个体认知极限的复杂情境、海量信息和大数据，应对日益复杂多变的教育教学行为。

余胜泉和王琦认为，将人类认知能力上的不足外包给外部智能技术、机器及系统的行为，可以形象地理解为"认知外包"。认知外包的核心是连接。互联网、移动通信、物联网等技术，以及基于网络的大数据服务是认知外包连接的介质，在此基础上可以实现大规模的社会化协同；作为认知外包连接的主体，人脑构成的内部认知网络和智能机器构成的外部认知网络，两者之间相互作用、相互增强。[①]认知外包包括连接计算信息的外包、感知信息的外包、认知信息的外包、社会网络的外包，人机协同有利于实现计算、感知、认知和社会智能的优势互补。智能助教、智能学伴、教育机器人在高校教育教学中的应用，将遵循认知外包理念。人机协同的教学，就是强调由智能技术、智能机器和智能系统来提升教师的教学智能，承担或部分替代教师的工作；人机协同的学习，就是强调利用智能技术构建外部认知网络，辅助学生的内部认知发展。

---

① 余胜泉，王琦."AI＋教师"的协作路径发展分析[J]. 电化教育研究，2019，（4）：14-22，29.

四、智能技术促进高校教育教学发展的理论进化

结合国情和教育发展的实际情况，在学习国外教育教学理论的基础上，我国的教育工作者体现出较强的教育自信和研究自信，扎根中国大地，开展了中国特色信息化教学创新理论研究，形成了新的教学理论、教学结构和教学模式。[①]教育的发展受社会关系、生产力水平等的影响，农耕时代、工业时代和信息化时代乃至智能时代的教育，都体现了不同时代烙印的典型特征。智能技术与高校教育教学融合，相关教育理论与教学模式也将随之改变。

（一）智能技术促进有效学习的六定律

智能时代，相对于可进行深度学习的智能机器而言，人脑在单纯知识记忆上的优势将丧失[②]，培养诸如批判能力、合作能力、设计能力、问题解决能力、创新创业能力等更为高阶的智能，成为新的需求，推动着高校教育教学目标和模式的调整，围绕人才培养进行与时俱进的学习理论研究成为内在需要。智能技术在教育教学中的有效应用不仅需要各类设备、设施等硬件建设，还需要课程、教材等软件建设，更需要理论、思想等"潜件"建设。[③]

技术为创新教学方式和学习方式提供了应用前景和应用的潜在可能性，但实际效果并不像所期望的那样成功。智能技术在高校教育教学中的应用将会遇到类似的问题。技术促进学习（Technology-Enhanced Learning，TEL）的五定律指出，如想实现技术对有效学习的促进作用（假设），则需要满足

---

① 何克抗. 大力倡导与推行"中国特色信息化教学创新理论"[J]. 中国教育科学，2020，3（1）：45-54.

② 钱颖一. 人工智能将使中国教育优势荡然无存[J]. 商业观察，2017（8）：88-90.

③ 南国农. 信息技术教育与创新人才培养[J]. 电化教育研究，2001（8）：42-45.

资源、环境、系统、设计、用户等五个方面的条件（定律）。①技术促进学习被称为具有自主创新意义的理论成果。②

在智能时代，上述五个方面随智能技术的发展而有所变化，在继承技术促进学习的基础上，笔者将其发展为智能技术促进有效学习（Intelligent Technology Enhanced Learning，ITEL）六定律，新增了智能教育助理，强调人机协同的价值，并通过智能技术更好地满足条件。智能技术促进有效学习的六个假设与条件描述有以下几点。

1. 资源

若要学习者主动搜索、"遍历"或深度利用数字化学习资源，有效支持线上自主学习甚至获得优于面对面教学的效果，需要满足内容适用、难度适宜、媒体适当、结构合理、导航清晰、"短小精致"六个基本条件，或者由智能教育助理基于大数据分析精准推送学习者喜欢或适用的数字化学习资源及服务，更理想的情况是学习者参与资源的生成和分享。

2. 环境

若要学习者在网络学习空间或虚实融合学习环境中，能像在教室中一样进行互动交流，甚至优于现实环境，需要满足群体归属感（依赖感）、个体成就感（获得感）、情感认同感（价值认同感）、兴趣满足感四个基本条件，或者智能教育助理及时提醒、引导和鼓励学习者交流，甚至作为虚拟学习伙伴参与交流，提升学习者的学习体验。

3. 系统

若要教师能通过一体化智能化教学、管理和服务平台对教学过程和学

① 黄荣怀，陈庚，张进宝，等. 关于技术促进学习的五定律[J]. 开放教育研究，2010，16（1）：11-19.
② 何克抗. 关于中国特色教育技术的自主创新[J]. 现代远距离教育，2011（1）：12-20.

习过程进行有效组织和管控，需要满足简单易用、过程耦合、数据可信、绩效提升、习惯养成五个基本条件，或者由智能教育助理基于大数据分析代为"复杂操作"，教师只需进行"简单操作"，甚至让学习者感受不到智能助教的存在，智能技术会使系统越来越简单易用。

4. 设计

设计一定要考虑学习者的心理、思维习惯、行为习惯和原始需求，要想让学习者清晰理解和无感知地体验课程资源、学习平台、管理系统和工具集等，需要利用"隐喻""常识""地图"，建立简单明了的文档，进行统一标示和必要的"宣传"，关注视听觉体验和触屏操作，或者由智能教育助理主动识别和引导用户体验，设计方法论有助于设计优质的智能教育系统。

5. 用户

无论线上线下，要让学习者遇到困难时主动向教师或同伴求教，需要满足适当的外部压力、通畅的沟通渠道、教师的亲切感、及时有效的反馈四个条件，或者由智能教育助理主动"答疑解惑"，引导其解决问题。

6. 智能教育助理

要想让师生主动爱用智能教育助理，需要满足方便获取、界面友好、操作简单、绿色安全，以及支持与多终端、多空间和常用社交软件互联五个条件，并重视角色扮演和游戏化场景设计，使智能教育助理像真人一样伴随。

同技术促进学习类似，智能技术促进有效学习将学习情境从单个线下的学习事件，丰富为系列线上线下融合的学习事件、主题或活动，综合包含时间、地点、人物、事务等四个学习要素，典型情境包括集体类课堂听讲、慕课学习、边做边学、讲座学习、工作中学习，个体类的个人自学、自我练习，小组类的研讨性学习、项目式学习、人机协作学习等。有效学习活动是指学习者在预定标准和时间内，按照既定方式和流程，积极主动地参与学习过程，完成学习任务，实现预期学习目标甚至超过既定目标。
从智能技术促进有效学习可以看出，实施有效的学习活动需要具备六个基
本条件，即明确的目标、真实问题或学习任务，这是学习的起点；学生具
有强烈的学习动力，有意愿和兴趣积极参与；外显的学习活动体验；内隐
的分析和思考；人机协同的指导与反馈；智慧学习环境，即学习活动实施
的场所。①有效学习是相对于低效学习、无效学习或虚假学习而言的，我们
应该提倡主动性、批判性和创新性的有意义学习。在智能技术支持下，有
效学习是否发生有其特定的条件，关键是知识建构、教学交互和协作学习，
及时更新相关学习理论并用于指导教学实践。

（二）人工智能＋建构主义学习理论

按照辩证唯物主义的认识论观点，知识是从人类实践中获得的，它往
往还要经过系统总结和提炼才能最终形成，反映了客观事物本质属性及其
内在联系的规律性。②知识是人类大脑对客观世界（真实世界和虚拟世界）
的属性及其联系的能动反映。③知识既是教学的背景、内容与要素，也影响
着教学的目标和效果。④建构主义学习理论认为，知识是认知主体的经验、
解释和假设，由学生自己建构知识的意义⑤，强调知识的建构性，不是被发
现而是被发明。⑥知识建构不是一蹴而就的，而是在认知主体与认知对象、

① 黄荣怀，陈庚，张进宝，等. 关于技术促进学习的五定律[J]. 开放教育研究，2010，16（1）：11-19.
② 何克抗. 也论"新知识观"——到底是否存在"软知识"与"硬知识"[J]. 中国教育科学，2018，1（2）：36-44，137.
③ 刘儒德，建构主义：知识观、学习观、教学观[J]. 人民教育，2005（17）：9-11.
④ 鲁子箫. 智能时代的教学知识观——从知识立场到生命立场[J]. 当代教育科学，2020（12）：24-29.
⑤ 刘儒德. 建构主义：知识观、学习观、教学观[J]. 人民教育，2005（17）：9-11.
⑥ 郑太年. 知识观　学习观　教学观——建构主义教育思想的三个层面[J]. 全球教育展望，2006，35（5）：32-36.

环境之间的互动中逐渐生成的。[①]在智能时代，知识从内容到形式的更新、迭代、混合、演变成为常态[②]，由单纯依靠人类变为人机合作[③]，更重视情感、态度、价值观等精神层面的学习。[④]从口耳相传、师徒传承到后学校教育、智能教育，互联网和人工智能丰富了知识的内涵、类型、载体、生产方式和传播方式，知识从符号化信息回归到全社会的人类智慧汇聚、共享，生长类知识应运而生。[⑤]UNESCO 提出的"反思教育"就是认为信息、原理、技能、态度和价值观等都是知识。知识生产和知识传播在同一个过程中发生，生产者也是传播者和受益者，学习是要产知识、解问题，教学是给学生搭支架、创情境，课程是动态的，评价侧重学习绩效，知识空间包括物理空间、网络空间和虚拟空间，资源包括全社会各类教育资源，教育服务从供给驱动型向消费驱动型转变。

智能时代的知识是指人或人工智能通过与所处环境的交互而获得的信息或进行的意义建构；知识不再是专属于人类的智慧成果，大量的知识通过人机协同的方式生产出来，人工智能具备了深度学习能力之后，也可以独立产出知识；智能时代知识的形成不再是一个个单独事件，而是个体依托由内在神经网络、社会网络和概念网络构成的知识网络进行的联通学习，是与个体的身体和所处的环境密切关联的具体认知，以及结合了深度学习和强化学习的机器学习；智能时代知识的生产方式是基于互联网平台的大

---

① 范文翔，赵瑞斌. 具身认知的知识观、学习观与教学观[J]. 电化教育研究，2020（7）：21-27，34.

② 王竹立. 面向智能时代的知识观与学习观新论[J]. 远程教育杂志，2017（3）：3-10.

③ 王竹立. 新知识观：重塑面向智能时代的教与学[J]. 华东师范大学学报（教育科学版），2019（5）：38-55.

④ 鲁子箫. 智能时代的教学知识观——从知识立场到生命立场[J]. 当代教育科学，2020（12）：24-29.

⑤ 陈丽. "互联网＋教育"：知识观和本体论的创新发展[J]. 在线学习，2020（11）：44-46.

规模用户协作，具有问题导向性、跨学科性、异质性、社会责任感和人本主义等特点，知识传播是基于智能算法推荐的人机协同和多向交互，将对个性化学习和终身学习产生显著的促进作用。

建构主义学习理论常被用于指导计算机教育应用、在线教育和数字化学习。得益于何克抗对建构主义学习理论的解读和传播[①]，建构主义学习理论在信息化教学领域应用得比较普遍。心理学家认为，学习是一种"自我或社会"建构，借助他人和学习资料，强调与周围环境的相互作用，这就为人工智能环境下研究学生个性化、协作学习提供了理论基础。"他人"既可以是教师和同学，也可以是智能学伴；学习资料既可以是纸质教材，也可以是数字化学习资源甚至人工智能课件，资源的形态更加丰富和容易获取，甚至被主动精准推送；环境已经超越物理边界，拓展为虚实融合的环境。建构主义学习理论强调学生的主体作用和教师的主导作用，这里的教师包括人类教师和智能助教。智能技术支持下特别是有智能教育助理参与的学生学习可以看作是人机协同建构知识的过程，具体描述有以下几点。

1. 强调以学生和学为中心

在学习过程中，学生是主体，强调发挥学生的主动性、创新精神和思维，如果学生不主动，智能学伴要及时提醒、引导和鼓励，创造多种机会和必要条件，学生在创设的情境下去应用知识，即将知识外化；学生可以根据自身行动的信息反馈，或借助智能学伴基于大数据分析提供的信息反馈，形成认识客观事物和解决真实问题的方法，即实现自我反馈，在这个过程，智能学伴也可以作为学习者或学习伙伴促进学习者深度学习。

---

① 何克抗. 建构主义——革新传统教学的理论基础（上）[J]. 电化教育研究，1997（3）：3-9.

2．强调情境

强调创设实际情境或者构建虚拟情境，学生与情境发生相互作用，基于原有认知结构及经验，去同化及索引新知识，整合和赋予新知识某种意义，增加认知结构的数量；如果不能引起同化，则改造和重组原认知结构，引起顺应，改变认知结构的性质。通过同化与顺应、在"平衡—不平衡—平衡"的循环中达到对新知识的意义建构。在传统的课堂教学讲授中，由于不能提供生动性、丰富性、多样化的按需创设的实际情境，学习者对知识的意义建构存在困难，而智能技术恰好可以解决，既可以丰富和完善实际情境，又可以虚拟仿真情境，如虚拟实验情境、游戏化学习情境。

3．强调协作学习

对知识意义建构的关键是学生与环境的交互作用。在教师的组织和引导下，学生之间建立协作学习小组（成为特定主题的学习群体），智能学伴可成为其中的一员，一起参与小组活动（讨论和交流），学习者群体（包括师生、智能教育助理）共同完成对所学知识的意义建构。智能教育助理不仅可以充当学习伙伴、扮演角色，实现人机协作学习，还可以作为智能助教，协助教师组织和指导小组活动，基于大数据对学习行为和成果进行分析评价。

4．强调学习环境

学习环境是学生进行意义建构的场所，学生可以利用学习环境中的网络、设备、媒体、工具和资源，开展协作学习，完成学习任务，实现学习目标。在学习环境创设和应用过程中，学习者不仅能得到教师的帮助与指导，而且学生之间、学生与智能学伴之间也可以相互协作和支持。智能技术既可以智能化改造传统的校园和教室环境，又可将学习场所拓展到家庭、社区、场馆等多个场域，甚至拓展到网络学习空间，形成人、物理、信息"三元"空间融合的学习环境,教育机器人将作为学习环境的重要组成部分参与学习。

5. 强调信息资源

适切的信息资源有助于支持学习者在学习过程中主动探究和完成意义建构。在智能技术支持下，多媒体和多模态的信息资源更加丰富和适切并能够增加资源服务价值，主要用于支持学生的自主学习和协作学习。在学习过程中，智能技术既可以实现信息资源的主动精准推送，还可以由智能教育助理协助教师指导学习者便捷获取和有效利用信息资源。

6. 强调学习过程的最终目的是完成意义建构

教学设计、情境创设、协作学习、资源提供和环境构建都要紧紧围绕"意义建构"这个目的而展开。智能技术可以创设传统教学方式无法创设的教学情境，丰富学习方式、学习资源和学习环境，优化学习过程，并由智能教育助理参与提供学习支持。

综上所述，建构主义学习理论得到进化，丰富为人工智能＋建构主义学习理论，其定义可概括为：知识不全是通过教师传授得到的，而是在社会文化背景或虚拟仿真情境中，学生作为主体，借助他人（包括教师、学习伙伴及智能教育助理）的帮助，利用人机协同的方式，主动利用必要的或精准推送的学习资源及提供的智能服务，在智慧学习环境中通过意义建构的方式而获得，即增加了智能元素，体现在智能技术促进学习资源的丰富和精准推送学习支持服务上，强调了智能技术支撑构建虚拟仿真情境和智慧学习环境，实现从被动到主动的人机协同学习。

（三）人工智能＋教学交互层次塔理论

互联网教育是智能技术促进高校教育教学发展创新的表现形式之一，其中时空分离带来的问题，需要通过适合的教学结构和教学交互模式加以解决，为此，远程学习的教学交互模型和教学交互层次塔理论被提出来。陈丽认为，教学交互的内涵是发生在学生和学习环境之间的事件，远程学习的教学交互层次包括学生与媒体之间的操作交互、学生与教学要素之间的信息交互、学生头脑中新旧概念之间的交互，三个层次的交互使学习者产生同化与顺应，形象地揭示了远程学习的教学交互本质。[①]随着智能技术的发展，互联网教育的特征也在发生变化，媒体和环境也随之发生了变化，交互手段更加丰富，教学要素特征发生变化，特别是人机协同逐渐成为一种趋势。因此，教学交互模型将得到进化，丰富为人工智能＋教学交互层次塔理论，如图5-3所示，即主要在"操作交互""信息交互"之上增加"人机交互"，最终也是为了实现"概念交互"。"人机交互"包括学生与智能学伴交互、教师与智能助教交互、智能学伴与智能助教交互。如果从教学组织的角度，还可以实现师生与智能管理助手的交互。在智能技术支持下，四要素（教师、学生、教材和媒体）中增加了环境要素，或将环境要素归为媒体要素，即实现学生与媒体或环境的交互。

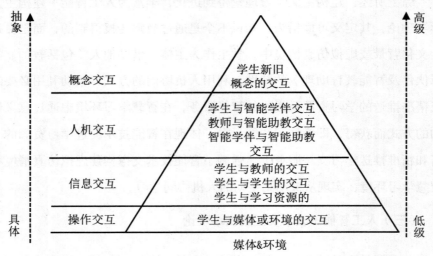

图5-3　人工智能＋教学交互层次塔

---

① 陈丽. 远程学习的教学交互模型和教学交互层次塔[J]. 中国远程教育，2004（5）：24-28.

教学交互也是联通主义学习理论的核心和取得成功的关键。在信息大爆炸背景下，联通主义学习理论从全新的角度解释知识和学习，知识存在于连接中（符合互联网连接一切的特征），即联通化知识，学习就是连接的建立和知识网络的形成。[①]

知识源自各实体的交互和连接的建立，课程内容在交互过程中动态生成，流通是学习的目的，学习依赖网络交互，即与特定的节点和信息资源建立连接，学习的核心能力是发现领域、观点和概念之间的关系[②]，通俗地说，就是类似网络学习空间中的"知识图谱""头脑风暴"。

人机交互技术对教学交互方式和学习体验至关重要。自然交互技术可以提供更加自然的人机交互方式，可以提高学习者的学习兴趣，也可以采集更加丰富的学生数据。人机交互技术和远程传输与交互技术的发展将搭建更加有趣、更加便捷、更加自然的学习环境。人机交互技术朝着以计算技术为核心的多模态情境感知方向发展，拓展出了体感计算、情感计算、脑机接口等技术分支，呈现出智能化、高沉浸感和多模态化的技术特征，建立了智能交互空间，实现了高效的教学交互。

（四）人工智能＋协作学习理论

在智能时代，同样强调协同知识的建构和协作学习。智能技术提升了个人和社会的认知水平，给人类的知识生产活动带来了巨大的影响，形成了具有时代特征的知识生产。[③]

---

① Siemens G. Connectivism：A learning theory for the digital age[J]. International Journal of Instructional Technology&Distance Learning，2005，2（1）：3-10.
② 王志军，陈丽. 联通主义学习理论及其最新进展[J]. 开放教育研究，2014，20（5）：11-28.
③ 劳凯声. 智能时代的大学知识生产[J]. 首都师范大学学报（社会科学版），2019（2）：1-6.

（1）协同，形成人人、人机协同的模式。

（2）跨界，打破既有的课堂内外、校内外的边界，融合现实社会与虚拟世界。

（3）综合，智能技术支撑知识生产向智能化的方向转型，不同领域综合交叉，培育知识生产的新增长点、新领域和新生态。

（4）集成，网络和云计算将分散的设备、人、信息和数据等连接起来，通过资源共享以实现高效的知识生产，进而构成一个有机整体，产生融合创新的效应。

在智能技术支持下，用户不仅接受和使用知识，还创造和分享知识。知识建构是计算机支持的协作学习（Computer Support for Collaborative Learning，CSCL）研究领域中的热点。[①]

一般来说，学习分成竞争学习、个别化学习和协作学习，体现了学生之间的不同关系。竞争学习可形象化为"你沉我浮"，学生之间互相对立和竞争，成功和失败是相互竞争的结果；个别化学习可形象化为"沉浮无关"，学生各自进行自主学习，个人和他人的成功与失败互不相干；协作学习可形象化为"同沉同浮"，即学生之间形成合作小组，协同分工，围绕共同的学习目标，共享学习资源，同步学习过程，取得一致的学习成效。[②]协同学习理论强调协同关联与整合学习技术系统要素，实现多学习场的协同，包括知识、信息、行动、情感和价值场，个体与群体进行信息加工和知识建构，使得教与学协同增效。[③]

计算机支持的协作学习是协作学习方式与计算机技术（尤其是多媒体

---

① 赵建华. 知识建构的原理与方法[J]. 电化教育研究，2007（5）：9-15，29.
② 黄荣怀，刘黄玲子. 协作学习的系统观[J]. 现代教育技术，2001（1）：30-34，41.
③ 祝智庭，王佑镁，顾小清. 协同学习：面向知识时代的学习技术系统框架[J]. 中国电化教育，2006（4）：5-9.

和网络技术）的汇合[①]，强调学习是一个技术支持下的社会化的过程，而不仅仅是个体大脑内部的信息加工的过程。[②]在智能与信息时代，人与智能机器的协作学习变得越来越重要，人机协作学习在人人、人网协作学习的优势之上，增加了智能的成分，协作学习小组既有人的参与，也有智能机器的参与。[③]在智能技术支持下，协作学习理论得到进化，丰富为人工智能＋协作学习。人工智能＋协作学习是指学习者在智慧学习空间中，以小组形式参与、由智能学伴作为小组中的一员（扮演学习伙伴甚至指导教师的角色），为达到共同的学习目标，在一定的激励机制下以及教师和智能助教的帮助下，为实现个人和小组的有效学习而合作互助的一切相关行为。人工智能＋协作学习强调协作学习方式与智能技术的融合，特别是在智慧学习空间，智能学伴和智能助教参与协作学习过程，促使人与人、人与机器、机器与机器之间的合作。人工智能＋协作学习同样包括以下五个关键要素。

1. 正互赖性

大数据分析有助于使目标更清晰，智能学伴可以扮演小组角色，智能技术实现资源的众智众创、智能化匹配和精准推荐，支持相互依存的小组学习任务。

2. 个体职责

智能学伴提醒和引导学习者了解任务、明确职责、积极分享信息，并给予及时评价。

3. 小组成长

在智慧学习环境中更容易进行组内沟通，大数据提供学情分析有助于

---

① 黄荣怀. 计算机支持的协作学习：理论与方法[M]. 北京：人民教育出版社，2003.
② 任剑锋. 计算机支持的协作学习：策略与工具[M]. 北京：首都师范大学出版社，2014.
③ 王竹立. 论智能时代的人—机合作式学习[J]. 电化教育研究，2019（9）：18-25，33.

个人反省和评价。

4. 社交技能

智能学伴扮演学习伙伴的角色，根据学习者的特征建组，并提升其社交技能。

5. 互动

智能技术支持下，学习者和智能学伴完成阐述、共享、聆听、创造等互动过程，人人互动、人机交互达到共同的学习目标，并据此形成典型的人工智能＋协作学习过程。在原来教师和学生活动的基础上，增加了人工智能（主要是智能教育助理）参与的协作活动，由双线变三线。

五、智能教学系统设计方法论

智能技术促进高校教育教学发展主要是依托智能教学系统、智能教育装备和集成的智能教育产品解决方案来实现的，如智能导师系统和智能助教、个性化适应性学习系统和智能学伴、学习预测和学情分析系统、虚拟现实学习系统和虚拟仿真实验系统、智能评分和评价系统、智能审核系统、学程质量提升系统、高价值反馈系统和游戏化学习系统等[①]，在具体的教育教学应用中强调人机协同。智能技术在高等教育领域的教育教学应用逐步展开，形成了系列支撑应用的智能教育产品和解决方案，主要体现在智能化教学、管理及服务方面的应用。

在智能技术的促进下，智能教学系统得到进一步发展，是典型的智能教育产品，其实质仍是利用智能技术和智能机器辅助教学[②]，其目的依然是

① 祝智庭，魏非. 教育信息化 2.0：智能教育启程，智慧教育领航[J]. 电化教育研究，2018（9）：5-16.

② Vblkmar F. Encyclopedia of Autism Spectrum Disorders[M]. NewYork：Springer，2018.

以学生为中心提供学习支持，促进学生个性化学习和协作学习，尤其是近年来人工智能在大数据、机器学习、深度学习等领域的应用，赋予智能教学系统更丰富的内涵和更多的智能。[①]领域知识模型、学习者模型、教学模型、用户界面模型是智能教学系统研究领域较为通用的描述框架。[②]智能教学系统通过感知、互联、采集、计算、分析和跟踪学生学习和教学交互过程中的状态和行为数据，动态了解学生学习需求及特征、状态、情绪和行为，选择最合适的学习内容和学习支持并将之精准地推送给学习者。

智能教学系统及其他智能教育产品在教育领域的应用越来越普遍、作用越来越重要，构建适合教育应用的情境和提供满足师生所需的智能教育产品，需要系统的设计方法论予以指导。设计方法论是一套行之有效的设计流程、工作规范和设计思维。斯坦福大学的硅谷设计学院提出了一整套解决问题的方法论，即设计思维，主要包含移情、定义、头脑风暴、产品原型、测试这五个步骤，可以在研究和应用领域产生可靠的创新产品和方案成果。设计思维强调以人为本、文化和技术融合，基于新的便利化方法和空间概念，为诸如问题解决、商业模式设计、产品和解决方案设计、可视化以及过程中的创新等多领域应用提供解答平台，并且在异质性团队中能产生最佳的协作效果。基于设计思维，以往需要依靠独一无二的个人与特殊天赋的创新，正被可复制的过程或团队协同取代，同样适用于智能教育产品的设计。

国内的互联网企业腾讯、百度、阿里等也在互联网产品的设计实践中积累了相关的理论知识。例如，腾讯的设计中心 ISUX 在日常工作中使用了

---

① 刘德建，杜静，姜男，等. 人工智能融入学校教育的发展趋势[J]. 开放教育研究，2018，24（4）：33-42.

② Eliot C，Woolf B P. An adaptive student-centered curriculum for an intelligent training system[J]. User Modeling and User-Adapted Interaction，1995，5（1）：67-86.

各种碎片化的工具并总结了多种方法，如创意发散卡片、敏捷设计流程（想法、原型设计、快速测试或数据分析）闭环，以及 Demo 演示设计平台等。百度提出用"体验地图"辅助产品设计，将产品设计的思维结构过程分为搜集资料、分场景选任务、任务分析、心智模型内容填充、提炼发现与落地。阿里的科研部门通过深度分析竞品、用户、数据等并辅以用户问卷调查数据，对产品进行精准定义并产出设计方案。

在设计方法的体系建设方面，现有的设计方法体系以宏观的理论框架为主，大多是理想化的设计任务或案例，与真实设计情境下的设计还有很大的差别，较少关注方法体系本身的特征细节，被接受程度还较低，体现不出对设计实践的指导效果[1]，忽视了作为设计主体的设计者的设计思维规律。因此，制定适应智能时代教育特征的智能教育产品设计方法体系，细化设计方法内部的结构和规律，将研究成果信息化和工具化，构建与设计方法体系相对应的工具集和平台，形成有效、易用的设计方法体系并在教育企业中应用与推广，显得非常必要。

在长期总结互联网产品设计、研发和推广应用经验的基础上，我们可以提炼出智能教学系统的设计方法论，即通过系统的设计流程，运用碎片法和穷举法，从原始需求分析入手，深入分析目标用户特征，基于基础、制品、产品和商品不同层次需要，开展情境分析、干系人分析、竞品分析，而后不断筛选、优化和迭代，输出产品功能清单与原型，并形成产品设计方案。作为一种思维工具和研究方法，掌握设计方法论可以使设计者在智能教育产品设计、研发中能够更有效地把握用户需求和应用情境，从而提供更优质的解决方案。

通过需求分析，提取产品创新的原始需求信息，明确创新方向；通过

---

① 韩挺. 通过设计思维建立驱动社会创新和资源的系统[J]. 设计，2019，（18）：34-39.

分析目标用户的特征，了解产品使用对象及其核心关注，得到有效满足用户体验的创新点；通过分析干系人，了解影响产品的各利益相关者及其核心关注和影响因素，得到可稳定落地的创新关键环节；通过竞品分析与拆解，了解市场上同类产品及其优缺点和可借鉴处，得到突破性、颠覆性的创新思路；通过情境要素的交叉罗列与深入演绎，理解产品用户与干系人在使用产品过程中的"痛点"与"快点"，得到更多创意。在上述分析方法中，全程贯穿碎片法与穷举法这两种基本的创新思维模型。通过以上创新分析方法结合专业技术能力，在创新设计支撑平台和工具集的支撑下，创新设计者就可以进行创新发散，输出产品创新功能列表，进而形成创新型智能教育产品的原型或解决方案。

　　智能教育是面向智能时代，以智能技术为驱动力，利用智能化的思维、方法和系统，促进教育教学诸要素创新，实现人机协同的教学和人的全面发展的教育。行为主义、认知主义、建构主义等教与学的理论对智能技术促进高校教育教学发展具有不同程度的指导意义。

第二节 智能技术促进高校教育教学创新的
现状及特征

　　教育系统是指为达到教育目的、实现教育教学功能的教育组织体系，由诸多要素构成，如支撑教学活动和学习活动的教学环境，相互作用的教育目的、教学内容、教学组织形式和教学评价方式，教与学关系中的教师和学生，这些要素相互联系、相互作用而构成有机整体[①]，并随生产力和生产关系的发展而演变，体现出不同的时代特征。

一、高校教育教学系统要素的演变

（一）教育目的

　　教育是人类社会特有的有计划、有组织、有目的的人才培养活动。教育目的是人类社会对特定的教育结果的主观反映，即培养什么样的人。生产力和生产关系影响着教育教学活动，制约着教育目的的价值取向。

　　原始社会时期，人类只能消极地适应自然，在强大的自然面前人类的能力非常有限甚至无能为力。有限的教育主要体现在以适应自然、谋求生存为主。农业社会时代，学校教育的出现打破了全民接受原始教育的自然性和公平性，演变成特权和身份标志，教育是为了培养出色的人才，以经世致用为目的，以更好地辅佐统治者，更好地维护统治者的统治地位。[②]在工业时代，教育目的是使受教育者通过学习工业生产所需要的基本知识和

---

① 顾明远．教育大辞典[M]．上海：上海教育出版社，1998．
② 赵国权．中国教育史[M]．郑州：河南大学出版社，2014．

职业技能，从而能适应社会的发展并起到推动生产力发展的作用，学校教育主要为工业化培养标准化和产业化人才，重视和强调培养某一方面或特定领域的职业劳动者和专门人才①，职业技术教育学校应运而生，为培养专业的职业技术人才而对其进行系统的知识、技能、职业道德等方面的培训。

信息时代的教育肯定了人的主体性，超越政治性和经济性的教育模式，转变为以学校和学生为中心。这一时期计算机、自动化和网络等信息技术快速发展，已经能够支撑人类完成大量任务，改变了工作方式和提高了工作效率，记忆、演算、标准化练习和重复测试等已不是最佳的学习方式，学习者对个性化学习和终身发展的需求日趋强烈。②在教育目的上，以学习者的创新精神和实践能力的养成为目标和出发点，在社会经济发展的强烈需求和技术支撑下，实现教育发展为人民，全民参与教育发展，人人共享教育发展成果。

严格来说，信息时代和智能时代难以划分或没有明显的界线，智能时代是随着新一代信息技术的快速发展而出现的，2019 年，国际人工智能与教育大会首次提出"智能时代"。因此，我们可以认为，智能时代具有信息时代的一些共性特征，也有与信息时代不同的本质特征。信息主要还是物理概念、具有物质属性，主要解决人的体力问题，替代和扩展了人的体能；智能则是拟生物概念、具有人类与机器结合的属性，适应生产力和生产关系的变化，主要是解决智力问题，替代和扩展人的脑力。③

智能时代的教育将依旧关注学习者的核心素养和关键能力，且被赋予

---

① 霍力岩. 论教育特征的变化——从工业社会到信息社会[J]. 教育科学研究，2000（5）：3-8.

② 黄荣怀，刘德建，刘晓琳，等. 互联网促进教育变革的基本格局[J]. 中国电化教育，2017（1）：7-9，12-13，16.

③ 杜占元. 人工智能与未来教育变革[J]. 中国国情国力，2018，（1）：6-8.

新的内涵，以不可被人工智能替代的素养和能力作为核心目标，注重个体发展和社会经济发展相结合。智能机器的作用是为人服务，让人更有尊严、更有价值、更有创造力。习得性知识的熟记和简单应用满足不了智能时代的要求，智能机器将取代人类的大部分重复性和程序性的工作，因此人要发展智能机器无法取代的人类智能。例如，人类艺术素养中的情感体验、艺术审美、想象能力和创造体验，哲学素养中的自我思辨和反思、价值选择与明辨能力，科学素养中的设计能力、创新能力、伦理规范等。发展人的智慧、提高人的智力，如创新能力、设计能力、道德心、审美能力、好奇心、进取心、幸福感等将成为教育的最高目标。与"数字土著"类似，进入智能时代，也需要培养一批智能时代的"智能土著"，增强其与智能技术直接相关、与智能技术打交道的关键能力，除了提高人的智商（IQ）、情商（EQ）外，还要提高人的"智能商"（AIQ），即与智能技术打交道和协同合作的能力[1]，包括操控智能机器增强人机协同能力，以及融合应用智能技术与生物科技增强人的脑力、智能思维方式等。

智能时代将打破传统对人生阶段分为"学习期"和"工作期"的两重划分界线，终身学习将成为个人个性发展的自觉追求和适应经济社会发展的社会需求。要想在人工智能时代与机器的博弈中处于主动的位置，人类就需要保持终身学习的步伐，不断打造全新的自己，能够主动学会操控机器和掌握相关技术，成为技术的主人而不是被技术淘汰。技术、资源等便利条件将使终身学习成为现实。我国教育重在建设高质量教育体系，坚持立德树人，增强学生文明素养、社会责任意识、实践本领，培养德智体美劳全面发展的社会主义建设者和接班人。

---

① 赵燕，宛平，尹以晴，等. AI 时代人工智能商数（AIQ）的内涵、能力框架与提升之策——基于高校"人工智能＋教育"的认知调查分析[J]. 远程教育杂志，2020（4）：48-55.

（二）教学内容

教学内容一般包括课程及标准、教材、学习资料、数字资源等，是在学与教的过程中，有意传递的主要信息。教学内容、教学设计与教学组织的"作用力"都指向人才培养目标。在原始社会，教育是为了帮助人类适应自然，主要是传授一定的生存经验。在农业社会，虽然有农业生产知识和技能的教育，但从国家层面来看，国家更重视治人、维护统治阶级的利益、维护社会的稳定。

进入工业时代，随着"知识就是力量"的呼喊，科学理性更是成了判断一切存在合理性的最高尺度。[①]知识和技能成为教育的主要内容，技能主要指掌握和运用知识促进生产的技术、方法和能力，但所关注的往往只是人类现有的知识，而不是包括知识在内的整个文化。[②]教学内容主要是工业化生产和管理知识、制造技能等，与现代大机器生产息息相关，并突出了自然科学知识在教育中的地位和作用。

在信息时代，教育是开放互联的，教育正在逐渐打破教育的时空界限，教育资源的覆盖面也在逐渐扩大。这一时期的教学内容也是开放的，即不再仅仅是强调知识的获得，还包括能力构建、技能培养、方法训练、品格养成等。教学内容不再只强调科学概念和科技素养、结构化的知识和标准化的技能，而是在平等对话、协同合作、协商理解过程中，由多方主体参与知识建构，注重知识和技能间的有机联系，形成有机整体，更强调相互融合，使之成为个人转变和发展的通道。教学内容更加注重综合性和个性化，知识不再是单个学科独进式的发展，而是彼此交融、协作、共同发展，并出现综合交叉学科；充分尊重每一个学生的个性和特点，关注个体发展

---

① 李宪勇，徐学福. 试论教学观的历史嬗变[J]. 大学教育科学，2009（3）：82-85.
② 孟建伟. 从知识教育到文化教育——论教育观的转变[J]. 教育研究，2007（1）：14-19.

和社会经济发展的需求。

在智能时代，人才培养目标的转变必将带来教学内容的相关变革。首先是对原有课程标准的变化和内容的更新，知识现代化、增添新知识和删除过时的内容。随着信息的增多，人们对事实的认识会发生变化，一些知识也将变得不再适用；可获得的工作种类在不断变化，对技能和工作能力的要求也随之变化，教育需要帮助学习者掌握复杂的知识和专业技能，以适应新的岗位要求和应对不断变化的社会需求；众多领域也将发生变化，因此，需要修订课程标准、更新课程内容，以缩小人类进步与培养人之间的差距。学校要新增与智能技术相关的课程。

教学内容也会由统一逐渐走向定制化，以支持每个人独特个性的发展。大数据分析学生的原有认知状态、预估通过课堂教学学生将会达到的水准，将有助于教师将课堂教学目标设定在学生的"最近发展区"，从而选择合适的教学内容，并为学生推荐合适的学习资源。碎片化知识给教学内容选择带来很大困扰，人工智能能够帮助教师从中挑选和推荐合适的知识和资源，依据学生的学习情况进行适当调整，并为不同类型的学习者规划最适合的个性化学习路径和学习内容。

教育变革大多都是从课程开始的，课程随时代进步与技术发展而调整和改变。课程设置要体现教育目的和人才培养目标，课程目标是课程实施和教学组织的基本依据，课程内容的设置、教学方法的确立和学习活动的开展都要围绕课程目标。智能时代的课程目标是"转知成智"，关注人的全面发展，通过课程的设计、组织与实施，帮助学习者从无知到知、从知识到智慧、从"知识人"向成为"智慧人"转变。

课程内容是学习的对象，包括学科领域和课程资源中特定的理论、经验、方法等，源于社会并不断发展变化。智能技术变革知识的内涵、类型、载体、生成方式、传播方式与受众群体，也使课程内容发生变化，呈现时代性、定制化、开放性、生成性等特征。在智能时代，为培养综合性的人才，教学内容也需要体现一定的综合性，强调多学科的交叉融合。对课程内容进行重组可能有多种方式，如通过概念组织内容，这样学生能够高效地从核心概念中建构意义。知识在高速增长和更新换代，因此确保课程内容的现代化和时代性很重要。课程内容处于动态的生成过程中，在教师、学生、媒体以及环境之间的多维复杂互动中，共同推动智慧课程的生成。

课程形态是内容、载体、媒体和编排的动态组合方式，具有复杂性、整体性和发展性的特点。智能技术与高校教育教学逐渐深度融合，使教育产品和教育传媒服务等获得更广阔的发展空间。课程逐渐从平面、单维、静态走向立体、综合、动态，涌现出网络开放课程、精品课程、慕课、微课、智慧型课程、虚拟仿真实验、电子教材等多种新型课程形态。

在智能时代，课程形态跃迁到虚拟现实、线上线下的融合，支持泛在学习和个性化学习需要。基于多网、多终端接入，新时代的课程将无缝链接全球资源，连接虚拟与现实情境，融入交互式、情境化和个性化的智慧学习空间。课程评价是对课程标准、设计、教材、资源及其利用情况等做出价值判断，通过评价能够实现对教与学的反馈，以便及时调节和完善教学活动，让学习者更好地量化自我，也有利于教师改进教学。

（三）教学环境

教学环境是由实施教学活动的多种不同要素构成的复杂系统，按照人的身心发展需要综合教学活动所必需的主客观条件和力量，组织起来形成育人环境，随着教学活动的发生而出现，随着技术的发展而变化。

在原始社会，人类将自然山林作为教育场所，原始教育朦胧混沌，与生产劳动浑然一体。农业时代，初期是智者到处游学授课，教学场所不固定，教学环境条件有限，随着生产力的发展，教育从生产劳动、政事、宗教、艺术等活动中分化出来，更具系统性和规范性，后来教育场所趋于固定。随着工业时代的工业化进程不断加快，工业生产规模不断扩大，人才需求旺盛，初具现代意义的学校出现，具备工业生产基因、体现规模和效率的班级授课制诞生，学习者在封闭式的学校、教室或工作场所学习，为工业时代大规模、标准化生产培养了大量可用之才。初期，教学用具较为单一，主要是黑板粉笔、书本纸笔等。随着科学技术的进步和发展，一些新的教学手段、设备出现并进入教学领域，如新式课桌椅、直观教具、实验仪器、录音录像设备、广播电视教学、多媒体教学、卫星电视教学等。

在信息时代，教学环境最大的特征是其开放性和互联性，教学的时空不再局限于固定的地点、固定的时间，优质的教学资源能够通过互联网实现共享，全球化教育互动和适时交流成为可能。基于互联网的教学，即在线教育，可以在最大范围内加快信息的扩散和交流、促进信息的共享和增值，使学习者接受教育更加便捷和畅通无阻，满足学习者的个性化和终身学习需求。在实体学校教育中，多种技术协同的混合式教学成为常态，大部分学校都创建了信息化教学环境，包括校园网、多功能和多媒体教室、数字教学平台等；多种信息化教学资源被应用于日常教学。

在智能时代，技术促进数字化教学环境向更高阶的形态发展，即向智慧教学环境（智慧学习环境）演变，并从校园建设、学习场所、教学支持、教育装备、数字资源等方面升级教学环境。在智能时代，学校将优化校园和教室布局、改造建筑设备、升级网络通信、配置智能教育装备、互联教学与管理平台、开放数字化学习资源，集布局、装备、系统、资源、管理及服务为一体，打造高效、安全、便利、舒适和绿色校园环境；增加学校的教学空间、公共空间和生活空间；智能化改造校园空间，培育有共同兴趣和爱好的实践社群；提升校园管理效率，提供"云—网—端"一体化保障校园基础管理服务，并创建平安校园。

智能时代的学习场所将会变成开放互联、虚实融合的智能空间（智慧学习空间），学习将在人与人之间、人与机器之间，以及现实物理空间、数字空间、网络空间和虚拟空间的交融中开展。物联网技术对声光电、温度、教学设备等参数进行监测和自动调节，保障学校各系统安全高效运行，实现课堂环境的实时监控和调节，以便为学生创设安全舒适的学习环境；富媒体、5G 技术等促进异地空间的互联，使学生的视野突破学校围墙和教室边界，将学校与学校之间、教室与异地教室，以及图书馆、科技馆、实验室、田野等可以开展学习的地方进行连接，扩大优质教育资源共享和实现真实情境的学习；融合应用虚拟现实技术、增强现实技术和移动通信技术，为师生提供体验式、场景式、沉浸式的学习环境，让学生增强启发性、具身性、互动性的学习体验，实现从表层学习向深度学习的跃迁；泛在网络技术有利于增强教育网络与家庭网络、社会网络等的连通性，促进学习、生活与工作的连通，打破学习物理场所限制，实现畅通无阻的泛在学习。

（四）教学组织

教学组织形式连接教师和学生，决定着教学交互的方式、关系着教学过程的结构，对教学进程和学习结果产生了重要影响。

在原始社会，教学与生活没有界限，教学偶然和随意发生，没有严格意义上的教学组织形式。在农业时代，生产力发展水平不高、生产方式相对落后，因此学校培养人才的规模、速度和质量也受到限制，这决定了该时期的教学组织形式主要是个别施教型为主，如私塾。个别教学的条件有限、办学规模较小、师生数量不多、培养速度慢、效率低，但能够较好地适应个体的差异，也可视为因材施教。在工业时代，教学组织形式以班级授课制为主，在一定教学和学习理论指导下，以课堂讲授型为主，遵循直观性原则、循序渐进原则、巩固掌握性原则和因材施教原则等实施教学，强调统一步调、统一规格、统一评测，后期欧美等国家和地区从"班、课、时"的基本结构入手对其进行了改革。

在信息时代，教学组织形式依然主要沿用了班级授课制，但针对班级授课中班额较大、组织机械、不利于学习者个性化发展等问题，教育实践者尝试探索不同的教学组织形式和课程形式，向尊重学习者个性化发展、讲授与探究结合、灵活课程实施转型，充分满足学习者的兴趣爱好和个性化发展需求，给予学习和教学更多的自主选择权，突出学习者的主体地位，如实施了"课程制""走班制"。同时为解决教育资源供求矛盾，远程教学应运而生，利用网络技术和数字资源，突破学生固定的年龄和知识的限制，超越时空限制，淡化固定班级的概念，实现师生交互和教育资源共享，从而达到一定的教学目标。课程的表现形态越来越呈现纸质教材与富媒体结合的趋势，课程学习空间越来越灵活多样，课程越来越多地体现线上与线下融合，微课、慕课、翻转课堂和创客等教育新形态不断涌现。①翻转课堂与深度学习是以学生为中心的智慧教学，改变了学校的传统教学模式。

在智能时代，教学组织形式是开放互联和多样化的。未来的学校将会成为一个开放的组织系统，与真实世界相联系，优化教育教学资源体系，充分挖掘和利用外部的社会资源，从学校到整个社会甚至网络都将成为学生成长的大课堂，知识学习和现实生活连接起来，学习者在由技术构建的泛在学习环境中获取知识，汲取新思想、新知识和新技能，并把自己所习

---

① 杨浩，徐娟，郑旭东. 信息时代的数字公民教育[J]. 中国电化教育. 2016（1）：9-16.

得的知识和技能与实践探索、对新事物的探究结合起来。在智能时代，弹性教学和主动学习将在智能技术的推动下更有效地实现，学习成为个体可持续发展的需要并伴随人的一生。教师团队化、角色导师化、功能多样化，未来课堂的主要形式将不再是教师主导的课堂讲授教学，开展学习活动设计、组织、咨询、指导和答疑解惑的人机协同形式逐渐出现。

新型混合式教学模式将成为趋势，适应不同学习者和场景的智能学习系统将会出现，下一代学习平台也会成型，通过线上和线下的方式，学习者可在两个世界中生活。在线教学将得到进一步发展，丰富优质的课程资源、智能的个性化课程定制、实时精准的评价反馈、贴心的学习服务、技术支持下的多重互动等更容易实现，在线学习平台进一步融合翻转课堂、微课和慕课等，连接各种教育资源、设备与教师、学生，人、物、设备、空间等各类教育要素形成有机体，创设教育场景和全新的虚拟空间，有利于提升学习者的学习体验。学生在虚拟场景中学习，能够增强学习者的临场感、情境感和沉浸感，丰富学习的认知过程；实现随时随地的学习，如在博物馆可以通过可穿戴设备看到增强现实技术还原的历史场景、历史故事、藏品的层次结构等。智能学习空间和体验中心，如在线智能教室、虚拟实验室、虚拟工厂，有助于支持体验式、沉浸式和场景式教学。在课堂当中，教师需要帮助学生进行探究式学习，推荐学习资源，人机协同组织学生进行讨论和合作。在线教育带给学生更开放的学习空间和更丰富的学习方式，由此形成了混合式和个性化的学习模式。

（五）教学评价

教学评价是教学的重要环节，以教育思想和学习理论为指导，围绕预期教育目标，采用合适的评估指标，利用相应的手段方法，对教学活动、教学过程和教学效果进行评测和诊断，促进教师的"教"和学生的"学新时代教育评价改革方案强调了教育评价的重要性。

在农业时代,生产力水平低下,教育的重点是认识和改造自然,教学评价强调对已有经验和书本知识的掌握,主要方式是主观定性评价,缺乏必要的科学基础。进入工业时代,由于生产方式的多样,知识的拥有量已不能决定个人的生存方式及发展前景,技能和能力的作用凸显出来并占重要地位,主要关注的是可以定量化和标准化、技术特征明显的理性能力,核心是语言表达能力和数理逻辑能力,主观定性评价不再是唯一的评价方式,出现具有科学基础的教学评价,标准化、定量化、技术化、精确化成为教育评价的发展方向,学生的发展被简化为一个个数字,评价的目的是竞争性选拔,强化了评价的鉴定和认证功能,相对弱化了评价的诊断和导向功能。

信息时代的教育价值趋于多元,评价方式也发生了相应变化,评价目标开始重视学生综合素质的提高,不仅关注学生知识掌握的情况,也关注学生的情感态度、生命成长体验、身心健康以及个体差异,从总结性评价向过程性评价转变,注重发挥评价的诊断、激励与改进功能。师生共同参与评价,乃至家长和管理者都加入进来,力求评价客观、公正和全面。评价工具不再限于试题和试卷,包括更多过程性的证据,有网上综合素质评价平台作为支撑。评价指标不仅包括学生的学业成绩和分数,还关注学生德智体美劳的全面发展,强化过程评价,探索增值评价。

在智能时代,学习评价的目标是对学习者的综合素质进行评价,促进评价与学习一体化,强调智能技术及智能评价工具的应用,涵盖学生成长全过程,并注重德智体美劳的全面发展。利用智能技术综合收集所有学生的学习过程和学习行为记录,进行纵向和横向比较,从而提升评价的科学性和专业性。基于大数据的智能化学习评价具有及时、准确、丰富、个性化的特点,重结果而轻过程、重群体而轻个性、重竞争选拔而轻诊断引导的问题将得到缓解。在未来的学习中，学生需要完成的学习任务更复杂，可能会超越认知领域，超出认知范围，更强调综合能力和对必要技能的掌握。传统评价方式，如纸笔测评，只能考查学生对知识的记忆和理解情况，而人工智能则可以分析学生的学习行为和学习过程，记录成绩之外的一些非结构化的数据，如学生的心理变化、情感状态、能力素质等数据，并能够通过脑电数据、眼部运动、脸部识别、行为计算、生物采集等监测和干预学生的学习。智能化的学习评价将虚拟现实以构建评价场景，它利用大数据、物联网、建模工具、评价模型和人工智能算法等，对学生的综合素质和核心素养进行评价，如学生的身体健康情况、心理健康情况、学习品质、创新能力、批判性思维、合作精神、复杂场景中的问题解决能力等。

基于大数据的评价将终结教学和评价分离的状况，促进评价与教学的紧密结合，通过全面、系统的信息收集，以及及时、动态的反馈，使学习的过程就是评价的过程，基于评价及时地优化教学过程、改进学习方式、强化教学成效和学习效果。人机交互使得校长、教师、学生、家长甚至社会人员能够借助智能化评测系统对教与学进行评价，评价的主体和客体更加多元化并相互促进，另外，智能教育助理也可以作为评价的主体。在人工智能支持下，可以实现评价标准的个性化，学习者拥有量身定制的学习内容和发展路径，评价会针对不同的目标和内容进行，并为每位学习者制定了个性化的评价标准，不再只关注个体在群体中的表现，更多地关注个体的成长和发展，进行智能评价和诊断，提供差异化学情分析报告和个性化反馈指导。在智能时代，学习评价将采用多模态感知、伴随式采集、分布式计算、多维度分析、及时性报告、永久云存储等方式，这样做有利于促进学习者全面、终身发展。所有的过程和评价数据、学习报告都可以永久地建档存储，供学习者随时调用。

（六）教师角色

教师承担着教书育人的使命，社会对教师职能和地位的期望和要求在不同的历史阶段有着不同的特征。在原始社会，部落首领或富有经验的长者是原始"教育活动"的主要承担者。在农业时代，教育从生产活动中分离出来，专门的学校和教师产生，教师在专门的场所和固定的时间传授教学内容，主要为政治统治阶层或者宗教服务，其基本职能是"传道、授业、解惑"，并负责传递统治阶级的价值观念和伦理道德，培育政治人才，教师在学生面前有着绝对的权威。工业时期的教育是具有单向性的，教师被认为是知识的拥有者和代名词，是学生获得知识的唯一途径，有着绝对的权威。教师主宰课堂教学，依据规定的大纲，向学生灌输现成的知识、输出既定的标准答案；学生的学习以听讲记忆、重复练习为主，以尽可能多地从教师那里获得间接经验。

在信息时代，教师职业被重新定位，角色得到更新和进一步的丰富，从知识传授者向学习服务者转变。由以往的传授型教师转变为引导型、辅导型教师，教师不再是知识的权威代表，不再单纯地向学生灌输知识，而是激发、促进和协助学生进行学习；教师成为课程重构的创新者，在知识更新换代迅速的信息时代，教师需要能够选择、重构、再造教育资源，学习先进的教学理念以及时更新教学方式方法；教师成为团队的链接者，无论是现实中帮助学生增强合作能力的学习和实践，还是网络学习中的构建学习社区、社群，教师都需要担当团体中的组织、引导、联系的任务，使教与学更加紧密；教师成为思想的引领者，面对互联网上大量的知识和信息，需要教师引导学生甄别信息、合理应用信息；等等。

在智能时代，随着人才培养目标、培养内容、培养方式和培养条件的变化，教师角色也将发生转变，教师知识传授型的教学角色将由智能技术、智能机器和智能系统辅助或被部分替代，教师教学设计和育人的角色将越来越重要，并向人机共教、人机共育方向发展。人机协同将会是未来教师工作的重要方式。人工智能技术可以在教育中担任多种角色，如作为布置作业和进行智能评测的助教、进行智能教学和引导协作学习的导师、进行学习障碍自动诊断和干预的分析师等，这使得教师能够从重复、烦琐、机械和标准化的脑力工作中解脱出来，在技术的支持下完成智慧性的设计和组织工作，实施因人而异的个性化教学。

教师需要正确认识并积极应对技术发展对职业带来的冲击，以开放的心态面对职业发展，积极发挥新技术在简化工作、提升效率方面的作用。未来教师比智能机器更加擅长"育人"。教师以综合素质和核心素养为导向进行人才培养，他们是学生成长的人生导师、生涯规划师和心理咨询师，能够帮助学生发现优点和缺点，以使他们扬长避短，实现个人发展和人生价值。相应地，教师从专业领域知识、学科知识、课程内容和专业技能等知识体系的传授，转向对学生的创新精神、人文精神、文化底蕴、责任担当、国家认同、跨文化交往等核心素养的培养。教师的职能将会向全能型和专业型两个方向分化。在智能技术支持下，全能型教师将成为可能；专业型教师将专门从事某一方面的擅长工作。

（七）学生特征

学生，即受教育的人或学习者，是教与学关系中的主体。学生在不同时代的教育变革中也呈现出不同的特征，如学生的角色、学习行为、关系与地位、内在要求和社会期待等方面均发生了变化。

在人类社会发展的早期阶段，如原始社会，教学活动主要是言传身教或口耳相传，学习活动是具体生活情境中的模仿和练习，社会整体对学生的概念或意识并不是很清晰。农业时代实施的是个别教育，师生间的教学活动简单且固定，有目的地主动向老师求教也是学生的学习行为之一，为了获取知识、增长知识，学生不得不到处求学、求教；"学而优则仕"是学生追求的主要目标，此外，这些学生还承担着教化民众、安邦治国的重任。因而此时的学生角色、师生关系显得简单明晰，具有师徒化、制度化、伦理化和道德化的倾向。学生处于被动地位，某些行为受到压制和思想管束。工业社会的教育具有单向性的特点，教学基本范式以知识传递为主，学生被认为是知识的需求者、接受者与存储器，学习方式以听讲记忆、重复练习为主，并尽可能多地从教师那里获得间接经验，被动接受教师灌输的内容，并在考试中尽可能还原式的呈现。学生以标准产品的形式等待被"生产"，以类的形式存在，被标准化测验评判和预测，以群体形象共同参与课堂教学。师生之间的关系是不对等的，学生要绝对服从教师的要求和安排。

在信息时代，原有的标准化学生培养模式与社会发展逐渐不适应，学习者有了新的特征。学习者不再是知识的"容器"，而是学习和知识的主体"群体中的个体""发散性的学习自导体"，学习的目标是实现自我发展、终身发展、个性发展。学生与教师间建立平等友好、双向交互的关系，"以学生为中心"成为教学的出发点和归路；学生无论是在学校还是网络学习中都处在相互联系的集体中，在多方交互中实现共同进步。知识由被动地接收转为主动地、合乎个性地获取，并在技术的支持下实现了学习方式的多样化，出现了规模学习、跨界学习、定制学习和众创学习等；评价也更加注重核心素养的提升。

在智能时代，随着智慧教育理念与智能技术融入教育，学生特征也将在这一时期发生新的变化和获得新的发展，将具有"数字土著""智能土著"的特征。这一时期的学生将超越"受教育者"的角色，而成为"积极的自我"，他们是"知识的创造者""社会网络的建构者""自由幸福的学习者"。

学生将更加积极或体验式地参与学习过程，进行自我指导、自我计划、自我监控和自我评价等一系列的自我管理，进行真实性、复杂性与挑战性并存的学习实践。"以学生为中心"是当前学校教育教学改革的发展趋势。学生将保持自己在教与学中的主体地位，由知识的接收方变为创造者，并自主探索、建构个性化的知识体系。学习在与教师、同伴、智能教育助理等多方的协同中进行，并将在平等友好的关系氛围中建立社会网络。学习的目的不再是掌握知识技能以满足社会外部的期望，而是注重学生智慧的提升、个性的发展与对幸福的追求。"智能土著"指"生于智能、长于智能"，即在人工智能技术和智能文化环境的熏陶下成长起来的一代人，具有非常强的社会适应能力和数字化、智能化的生存能力。

　　智能技术与教育融合打造了全新的智能化学习空间，也推动了学习方式的创新。从学习组织的构成视角，典型的学习方式将包含自主学习、定制学习、互动学习、人机协同学习和多元学习。定制学习是学习者随时、随地和随需的自主学习，充分体现学生的主体性和自主性，智能技术为自主学习过程提供了适应性支持，实现个性化定制。互动学习是在学习社群中，实现高效交互，学生共同完成学习任务，学生在与他人交流协作的过程中，增强社会参与能力与适应能力，智能技术为互动学习创设深度参与的协作互动环境，并提供支持服务和适时指导干预。人机协同学习是指学生与智能教育助理协同形成学习共同体，学生在智能教育助理的辅助下完成学习任务、达成学习目标，学生是协同学习中的主体，目标是解决不同情境中的问题，智能教育助理在与学习者协作时，与学习者之间深度关联，不断改进人机协同学习的智能性、精准性。多元学习基于联通主义学习理念，多个人机共同体相互连接形成学习网络和资源网络，人人之间、人机之间实现互通互学，智能机器帮助学生规划和获取多元化的学习路径，并向其精准推送相应的学习资源等。

二、智能时代高校教育教学的特征

智能时代下的教育是培育人的智慧的教育，转识成智，人的智慧与人工智能相互融生，使学习者具有理性智慧、价值智慧和实践智慧。教师不断推动学生提升个人智慧，在智能教学环境下以更好的教学方式，促使学习者将知识转换为自己的智慧，使其不断走向自由而全面的发展。在智能时代，高校教育教学的特征体现在以下几方面：①数据驱动精准教学，因材施教，实现以学生为中心的差异化教学。②智能推动教师实现角色转型，因机而变，人类教师与智能助教协同教学和育人。③尊重差异化的个性学习，因人而异，发挥教师与学生各主体的个体特质。④资源共享的开放生态，因势利导，扩大优质教育资源覆盖面。⑤物理环境和网络空间融合，因地制宜，提供融通开放的教育文化与教学环境。⑥人机协同的学习共同体。

（一）数据驱动的精准教学

数据主义者认为，海量、高增长率和多样化的数据流动量已经大到不是靠人力就能采集、分析和处理的，大数据感知、计算和处置等工作应该交给智能机器，其能力远超人类大脑。魏大数据给教学、管理和服务带来了重大影响，大大提升了教育教学品质。随着日益增多的师生学习活动的行为数据，需要我们利用这些过程性数据和结果数据来改进教学方式与教学评价。多场域协同精准教学是智慧学习生态中的高效教学方法，教师侧重设计、预测、引导和干预学习活动，使学生获得更有针对性的学习支持服务。海量的教育数据蕴藏着丰富的价值，加快了实现数据驱动的精准教学的步伐，对学习数据进行深度挖掘和精准分析，以"画像"解读学生的学习特征、行为、思维、习惯、兴趣。数据驱动的精准教学主要体现在：

①利用大数据技术对教与学全过程中产生的学习行为数据进行记录、存储、分析和可视化表征，其应用主要是提炼教育数据中有价值的信息，并进行学习分析，为精准教学、个性学习、科学评价提供数据驱动的决策服务。②基于数据对学生群体和个体进行数字画像。③根据学习者自身的主观学习需求以及对其学习行为数据的挖掘和智能化分析，让学习者体验个性化自适应学习。④实现基于学生学习行为数据的全程化、多元化、多维度、可视化等特征的综合评价，教育评价实现"经验"与"数据"的结合。

（二）职能转变的新型教师

人工智能与其他智能技术融合，推动构建以师生为中心、时空与知识深度融合的新型学习环境，以培养智慧型创新人才为导向，重塑教育系统内外部结构，创新教学模式，变革学习方式，适应数字经济和智能时代的发展需求。智慧教育变革了师生角色职能，促使教育者的角色从"教书匠"向教学设计师转型，让教师从重复机械性、繁杂琐碎、不擅长的事务中解脱出来，减轻教师负担，使其将更多精力用到关注学生的高阶思维、创新能力和人机协同能力的培养上来。近几年的"地平线报告（高等教育版）"和 UNESCO 提出的"反思教育"都强调重新思考技术环境下教师的角色转型。教师应当作为为学生规划路线、设计学习内容、组织教学活动、提供学习资源的学习设计师；应当作为为学生提供建议和指导并给予激励的学习指导师；应当作为监察教学质量、评估学习的教学评估师以及塑造教育文化、帮助学生提升综合素质的教育活动师。在智能时代，人类教师和人工智能教师将各自发挥优势：第一，"人机协同"将会是未来教师工作的关键词。第二，未来教师比智能机器更加擅长"育人"。第三，教师的职能将会向全能型和专业型两个方向分化。

（三）尊重差异的个性化学习

不同的学生在成长过程中，在横向上的多元智能组合和纵向上的智能成熟期上均有差异，教学需要尊重学生的个性差异，以差异化的教促进个性化的学。班级授课制主要采用工厂批量式、标准化生产的方式来培养学生，对所有学生按照同样的进度、内容进行教学，以同一种教学评价工具来衡量所有学生的学习效果，不能适应学生自我发展的需要。个性化学习强调因人而异、因材施教，让学习者主动地构建和内化知识系统。在智能时代，教师可以在智能技术和智慧学习环境的支持下，基于学生的认知特征、课堂表现、学习行为、学习效果等过程性学习数据，按需为学生精准推送个性化的学习资源，提供适宜的学习路径和服务，从备授课到教学评价，针对学生特点，以合适的方式指导学生进行个性化自主学习。理想情况是，让每一位学生都拥有个性化、定制化的环境、学习内容、教师和智能学伴，创造、共建与分享知识将成为学习生活中的核心主题。个性化学习促进学生发展的关键是，基于学习者特征模型、学习内容模型以及表征二者交互过程的学习情境模型，通过计算和推理进行决策，为学生规划学习路径、提供交互策略、推荐合适资源，以及为学生选择适切的推送方式。

（四）资源共享的开放生态

教育教学资源配置失衡一直是困扰高等教育的一个重大问题。智能教育在一定程度上打破高校和区域间的"信息孤岛"，促进教育教学资源的共建共享，扩大优质教育资源覆盖面，实现无时不在、无处不有的教育。人工智能具有强大的超越时空阻隔、超越虚实边界、跨界融合的能力，可以快速汇聚和组合在各区域和高校分散不均的优势资源，还能够提供智能平台让各地学生拥有同样的教育资源。这种资源开放的教育生态打破了空间、时间的限制，拓展了教育边界，使得实力薄弱高校的学生也能获取优质教育资源。利用大数据技术采集、汇聚互联网上丰富的教学、科研、文化资源，为高校和全体学习者提供适切性的资源与服务，实现从"专用资源服务"向"大资源服务"的转变，从而提升"金课"服务质量，通过汇聚高校、企业等各方力量，为学习者提供大规模在线精品课程，从中学习者可以获得优质的个性化学习体验，满足学习者、教学者和管理者的个性化需求。

（五）物理环境和网络空间融合

新一代教育信息基础设施环境建设是高校教育教学创新的基本保障，由网络基础设施、数据服务设施、校园信息设施三部分构成，能够为师生提供快速、稳定、绿色、安全、可信的教育专用网络，支持时时、处处、人人的在线教学。在智能技术支持下，"互联网＋大平台"与云服务平台的融合程度提升，基础支撑能力和云服务平台的内容承载能力增强。学习空间发生变化，智能学习空间是一种人机协同、人技结合、时空与知识融合、以师生为中心、支持多场域协同的新型教育教学环境，是一个人类社会和知识空间、物理空间和网络空间高度融合的立体教学场，实现了场景体验教学、虚拟沉浸教学、远程互动教学、全景视频交互教学、人机协同教学等新型教学应用。

（六）人机协同的学习共同体

在智能时代，人机协同、跨界融合、共创分享的理念将对教育行业产生深刻影响，有助于高校创新课程体系、学习方式、教学模式和学习环境等。智能技术能够感知和理解教学环境，教师根据学生学习需求的变化，适时调整教学方式，或者重构合适的教学环境和教学情境。智能教育助理、智能教学系统、适应性学习系统、自动化测评系统和教育机器人等应用形态能够在智能时代辅助教学、学习与测评，学习者利用这些智能系统和智能机器帮助自己实现建构性学习。人工智能与虚拟现实、大数据等多种智能技术的融合应用，能够构建智能化教学平台或虚拟教学场景，人机协同使教学方法更加多元、学习空间更加灵活、教育服务更加智能。同时，学习是一个连续的知识网络形成的过程，在智能技术的支持下，多个学习者和智能教育助理或机器人构成的人机共同体，分布式连通学习网络，帮助学生建立联系，从而获取多元化学习路径以及相应的学习资源及服务。

第三节 智能技术促进高校教育教学创新的路径模式

人才培养是高校的基本功能、根本任务和内涵发展的核心内容。智能技术促进构建高校教育教学创新的路径模式，主要体现在智能技术促进高校人才培养模式创新、高校教学模式、学生学习方式、高校教育管理方式和高校教育教学环境创新，以及促进教育机器人在高校教育教学中的应用等方面。

一、智能技术促进高校人才培养模式创新

（一）高校人才培养模式要素解析

人才培养模式既需要以一定的理论为基础，又需要在长期的教育教学实践中不断丰富和改进，并在技术支撑下形成相对稳定有效的结构，从而指导教学实践。1998 年，教育部发布了《关于深化教学改革，培养适应 21 世纪需要的高质量人才的意见》，对人才培养模式的内涵做了定义，即"人才培养模式是学校为学生构建的知识、能力、素质结构，以及实现这种结构的方式，它从根本上规定了人才特征并集中地体现了教育思想和教育观念"。高等教育领域对人才培养模式的关注度不断增强，对其形成不同的认识。钟秉林教授认为，人才培养模式包括人才培养目标和规格、专业设置和建设、课程模式和教学内容、教学方法和教学手段、教学评价和质量监控等内容，涵盖了包括培养目标、培养内容、培养方式和培养条件在内的

人才培养诸要素。①人才培养模式的逻辑是"培养什么样的人""如何培养人""培养成了什么样的人",从学习的视角则是"学什么""怎么学""在哪学"。面对经济社会发展、科学技术进步、教育发展方式转变的挑战,高校教育教学创新将体现在更新教育观念、调整人才培养目标、优化学科专业课程、创新教学模式、完善教学管理机制、推进拔尖创新人才的培养等方面。

在智能技术促进高校教育教学创新的大背景下,高校的学科专业、课程内容、教师发展、学生管理、教学组织、教学方式和学习方式乃至教室布局、校园环境等都将受到冲击,教学观念、教学模式、教师角色等方面都将发生变革。《中国教育现代化2035》强调,推动信息技术在教学、管理、学习、评价等方面的应用;利用现代技术加快推动人才培养模式改革,实现规模化教育与个性化培养的有机结合;建设智能学习空间……开发智能教育助理,对教师教学和学生学习、实践的全过程进行分析评价。教育部关于深化高等教育教学改革的系列文件都强调,重塑智能教育教学形态、创新人才培养模式。

在智能时代,人才培养模式强调学生的主体性,注重培养学生在认知、交往及自我反思等活动中的主体意识和主动学习的能力。同样,高校人才培养强调发挥教师的主导作用,在技术支持下实施新型教学模式。人才培养模式创新要求充分利用智能技术构建开放的学习环境,激活和释放学生的创造性能量,形成多元知识结构。此外,人才培养模式创新重视实践实验教育和就业创业教育,积极创造条件让学生更多地参加社会活动和科学研究活动,强调学校之间、学校和科技场馆之间、学校和企业之间应加强合作。新冠肺炎疫情防控期间,学校大规模停课后,多数国家的学生获得

---

① 钟秉林. 人才培养模式改革是高等学校内涵建设的核心[J]. 高等教育研究,2013(11):71-76.

了替代性在线学习资源，以便在课堂之外进行主动学习。为了确保学习效果，教学组织重在明确学习任务，建立激励和及时反馈机制，以激发学生的学习兴趣或动力，并增强其学习体验。

（二）人机协同创新人才培养模式

智能技术为重塑人才培养模式中的关键要素提供了可能，改变了人与环境、人与资源、人与人、人与智能机器之间的关系。在培养目标方面，智能技术的发展对人才培养提出新需求，以不可被人工智能替代的素养和能力作为核心培养目标，注重人机共存与人机协同能力的培养；培养目标的转变必将带来培养内容的相关变革，课程内容需要重新组织，课程载体、形态和传播方式也发生了变化，互联网链接了更加丰富多样的学习资源，扩展到数字教材、数字资源、人工智能课件；在培养方式上，基于互联网、人工智能与大数据等技术，学校提供新型的教学平台和学习工具，帮助记录和分析学生学习行为和学习结果，学生能够与学习同伴、教师或智能教育助理建立协同关系，实现人机协同的教与学；在培养条件方面，在虚拟现实、物联网等技术的支持下，原有物理学习空间得到拓展，学校跨越时空构建更加开放灵活的网络学习空间，形成虚实融合的新一代学习环境；实现人才培养模式创新，还包括学生综合素质的多维度评价，为学生提供全面有效的智能诊断与干预。

根据人才培养模式所涵盖的诸要素，智能技术支持下的人才培养模式围绕培养目标，丰富课程内容，创新学生学习方式和教师教学方式，优化培养管理流程，在虚实融合的学习环境中形成人机协同的人才培养模式"五环"结构。对应人才培养诸要素，笔者将其中的培养方式细化为学习方式、教学方式和管理方式，将培养条件突出表现为学习环境。具体描述如下。

圆心是培养目标，人才培养的诸要素和过程都将围绕培养目标。面向智能时代的教育，对人才培养目标和规格提出了新的要求，将更加注重培养学生的文明素养、合作精神、设计思维、创新能力、实践本领和人机协同能力。

一环是课程，对应培养内容要素，并指向和围绕培养目标要素。在智能时代，专业设置、课程模式和教学内容随时代而变，以知识为本位的课程将转变为以人为本位的课程，从群体性课程走向个体式课程，课程形式更加开放多元，学习内容和学习资源得到更新；在形式上强调多媒体或富媒体，既有传统的以教材和参考书为载体的学习内容，也有数字教材、数字资源和人工智能课件。

二环是学生，对应学习方式要素，强调以学生为主体，指向培养创新人才，即培养目标。学习方式强调人机协同，智能学伴陪伴学习，在多要素协同作用下实现个性化的学。学生可以通过与他人或智能机器的合作互动，参与学习共同体的实践活动来内化知识，并掌握技能和工具，从而实现有效学习。

三环是教师，对应教学方式要素，强调以教师为主导，应用智能技术改进教学方法和教学手段。教师转变角色，在智能助教辅助下，实现差异化的教。人类教师以育人为主，人工智能教师将对人类教师的工作加以补充和延伸。

四环是管理者，对应管理方式要素，核心是教学评价和质量监控。校长在学校人才培养中起着关键作用，在智能管理助手（如虚拟校长）的配合下，实现学校各部门和院系对人才培养的协同化管理与服务。

五环是环境，属于培养条件要素，强调物理空间与信息空间的融合，重塑"人机物环"关系，从校园、教室到家庭、场馆，乃至网络学习空间，形成多场域协同的学习环境，有效支持教学、管理和服务活动。

从智能技术价值的视角来看，上述人才培养模式"五环"结构的核心是人机协同、虚实融合。在学习环境方面，智慧校园和智慧教室体现的主要是实体的物理学习环境，虚拟课堂和网络学习空间体现的是虚拟学习环境，教学和学习活动在虚实融合的学习环境中进行；在以人工智能为代表的智能技术支持下，教学平台精准向智能学伴和智能助教推送教学资源，由师生获取后，支持教师备授课、支持学生个性化学习；在教与学的过程中，数据驱动智能学伴和智能助教以辅助学与教，形成人机协同的教与学的方式；而智能管理助手（如虚拟校长）则协助管理部门优化教育教学管理流程，包括智能评价。由此，可以将"五环"结构流程化，并形成人工智能＋虚实融合的人才培养模式流程，[①]如图 5-4 所示。

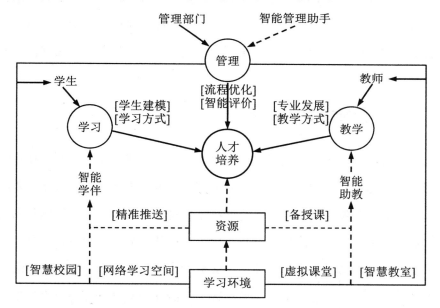

图 5-4　人工智能＋虚实融合的人才培养模式流程

在智能技术支持下的人才培养模式流程中，笔者强调人机共教、人机

---

① 刘德建. 智能技术促进高校教育教学创新研究[M]. 北京：科学出版社，2022.

协同学习，人类教师与智能教育助理共同成为指导者和陪伴者，这样做不但能够塑造教师的新角色，而且还能协助教师自动化处理部分任务。在智能时代，人人协作、人机协同的在线学习越来越重要，师生主动向智能机器或系统学习，智能机器或系统精准地为师生提供支持服务。师生之间、学生之间、人机之间的交互都将成为重要的学习方式。智能技术驱动的学习者建模技术和学习分析技术为个性化学习提供了可行的解决方案，构建一种整合情境的个性化学习系统模型，可以为学习者提供交互策略、学习路径、学习资源等学习服务。利用大数据分析技术集成并优化教学内容，集成文字、图片、音视频、虚拟现实等多模态的教学内容，构建知识点之间的多种关联，形成教学媒介背后的体系化、结构化知识库和知识图谱，以支持学生多路径学习。利用脑科学对大数据样本提供认知神经科学层面的解释，挖掘深层次学习行为规律，并建立适应学生行为及认知规律的教学方案。

（三）人机协同重塑教与学的关系

人机协同的人才培养模式强调以学生为中心，尊重学生的主体作用和教师的主导作用，重视发挥师生和智能助教、智能学伴的协同作用，重塑教与学之间的关系。人机协同是智能技术发展的突破口。机器智能是由人类制造的，人机协同以辅助人类和扩展人类智能为目标，而不是大规模替代人类。智能机器的强大之处体现在大数据及其精准快速运算能力、海量存储能力和泛在智联能力上，可以替代人类的体力活动和部分脑力活动。对于高校教育教学来说，人机协同使得师生有更多的精力投入到品德培育和思维创新中，并建立人机协同的学习环境、教学内容、教学组织方式和评估监测体系。然而，新浪潮形成的人工智能"奇迹"短期难以再现，深度学习技术潜力已接近天花板。从长远来看，必须走人类智能和机器智能相结合的发展范式。机器智能与人类智能结合，即智能机器与师生的协同，将形成更智能化和更具适应性、精准性的人才培养模式，在以学生为主体、以教师为主导的"双主"模式中，增加了智能机器的角色。

人机协同是人类与智能机器目标一致的交互。智能机器与人之间建立协作伙伴关系的目的是，利用两种类型的智能的独特优势，来实现优势互补。在教育领域，人机协同的共同目标就是高质量完成特定的教学活动和学习任务。人机协同中的"机"不是我们通常所理解的计算机，而是多种智能技术及其支持的智能机器、智能系统，人机协同实际上也是人技协同。人机协同的紧密程度不断加深，智能机器在与人的互动中不断提升智能，并向人机共生的高级形态发展。泛在移动情境给机器分析等带来诸多不确定性，构建人在回路的人工智能模型备受关注，它可以引入人的参与来提升计算问题求解的效果，并应对复杂的应用场景和需求，使人和智能机器相互作用。

人机协同重塑人技和人人之间的关系。在智能时代，是人机共处的世界，更是人类智能与人工智能共处的世界。人机协同是智能时代指导人机相处和共存的基本思想，人机协同推动教育教学可持续发展。在人机协同教学过程中，智能机器不仅作为支撑教学活动的工具，还能以某种"有意识的主体"身份参与和师生的互动过程。人机协同的教学过程是教育数据生成的过程，参与教育活动的师生的认知、行为、心理和生理方面的变化和表现数据都能够被感知、互联、计算和处置，以发现其中的相关关系和规律。促进有效学习是人机协同的发展方向，无论是学习资源的精准推送、自动出题与批改、答疑解惑，还是伴随式的学习诊断、引导和鼓励，智能技术赋能的价值是促进有效学习，不仅包含人的学习进步，还包括算法、模型和系统在人机交互中的进化。人机协同的智能教育是师生与智能技术在交互过程中形成的生态系统，人机协同的学习共同体之间通过智能主体建立广泛的联系。具身的人工智能参与师生的知觉活动，并延伸其感知能力和信息传播能力；作为解释的人工智能参与认知活动，能够深化学生对世界以及自我的理解；它异的人工智能以人的形象参与学习活动过程，丰富学生的互动体验并给予情感支持；作为背景的人工智能为人机互动和人际互联创建新的环境。人控制机器、机器适应人、机器赋能智慧是人机协同的基本原则。

（四）人机协同促进教师角色的转变

随着智能技术的深入发展，教师职业是否会被人工智能取代，一直是人们普遍关注并探讨的焦点问题。有研究分析发现，目前所有职业中，教师职业未来的"被淘汰率"只有 0.4%，被人工智能取代的可能性很小。但是，教师群体内部的相互取代却极有可能，善用科技的教师可能取代不会使用科技的教师。在人机协同的人才培养模式中，人类教师与智能机器将发挥各自优势、相互赋能。教师的优势在于其自身具有的创造力、情感沟通能力、意义阐释能力，以及自身具有的价值观和伦理道德等。

在智能技术的推动下，知识的生产方式和获取方式发生了变化，知识呈爆炸式增长，知识结构越来越复杂，传播和获取方式越来越多样，虽然同样拓宽了教师获取知识的渠道，但同时也暴露出教师在个体认知和知识传授中的局限，教学工作面临新的挑战。例如，随着知识的海量快速增长，教师的大脑信息加工能力明显不足；生活、学习和社会空间不断扩展乃至形成"三元空间"，教师对于复杂、多变和异构数据与信息的感知、识别和处置能力有限；教师主要依赖个体经验，通过主观感知对教学交互行为进行分析，精准度低且不稳定；教师的精力有限，处理烦琐程序性的能力不如不知疲倦的智能机器；智能机器也将具备主体性，教师在教学交互中的优势将被削弱。因此，需要基于认知外包理论，借助智能技术来弥补教师能力的不足，有利于形成人机协同的教学方式。智能技术、机器和系统形成的认知工具改变了人类的认知方式，人机协同和共处使得人类能够处理海量数据、信息和复杂情境，并将人类认知能力上的不足"外包"给外部的智能机器。

人类教师与智能助教各具优势，不是适者生存的替换关系，而是协同共生的盟友关系，智能助教协助教师进行知识传授，人类教师重在育人。对于教师而言，既不能无限夸大智能助教的技术优势，也不能盲目抵制，而是应保持开放的心态。在人机协同的过程中，人工智能融合相关智能技术，能够模拟或增强人类的计算智能、感知智能、认知智能等。人类教师相较于人工智能的突出优势主要体现在认知智能方面和社会智能方面。在认知智能方面，人类教师的抽象思维能力比较强，具有无穷的想象力，善于进行创新性劳动，特别是人类所具有的直觉是人工智能无法习得的。就社会智能而言，情感交互、价值观教育和伦理道德是人类教师的优势。人类教师还能够基于自我意识实现自省，不仅能够不断地改进教育教学的方式，还能够处理好人与人、人与物之间的关系。根据人类教师和智能助教在计算智能、感知智能、认知智能和社会智能方面的不同优势，具体考虑教学工作的目标、过程和规则，智能助教和人类教师的关系可分为四个层次。代理关系。智能助教替代教师处理重复性和程序性工作，可以节省教师的时间和精力；教师则主要承担教学设计、情感交流等具有挑战性和创造性的工作。助手关系。智能助教借助其感知智能采集、计算和处理大量多维度、多场域的教与学的数据，来实时观测、分析和反馈学生的学习状态，承担教学活动过程中的

"诊断""反馈"工作，并协助教师为学生提供学习支持服务;教师基于与学生长时间的接触积累的情感经验，更全面地对学生的问题进行综合分析和诊断，并从育人角度指导学生全面发展。导师关系，智能助教在某些方面扮演某领域专家或部分充当教师的角色;教师可以作为创新性和启发性工作规则的设计者和指导者。伙伴关系。智能助教的创造性和自主性进一步提高，可以利用社会智能实现高级的社会交互外包。

在智能时代，教师需要掌握基本的智能技术知识和原理，了解和选择适合应用于教学的智能技术，能够判断出哪些资源和工具使用了真正的人工智能，并能够实现人工智能优势的最大化，具备利用智能技术提升学科知识和改进教学的能力。同时，将人工智能用于学习和教学的经验分享给其他教师，共创分享。为了培养智能时代的高素养教师，需要对教师培养和培训环节进行变革，建构人机协同的研修环境，让师范生和教师在真实体验中提升智能时代所需的智能素养。

二、智能技术促进高校教学模式创新

（一）教学模式分类

教学模式是系统化、理论化的且具有时代特点的教学范式。教师在教学思想和教学理念指导下，在教学环境和教学条件支持下，围绕教学目标和教学主题，以一定的程序、策略和方法实施教学活动。教学模式对教育教学产生了深刻影响，在教学中普遍应用或被提及较多的教学模式有 10 多种，如表 5-3 所示[①]，可将其分类为：①信息加工类教学模式，即把教学看做是创造性的信息加工工程，以此来认知问题、解决问题、获得对世界的

---

① 李秉德. "教学设计"与教学论[J]. 电化教育研究，2000（10）：11-13.

感知和认识；②个体发展类教学模式，强调个人的主观能动性，注重个别化教学、个性的发展；③社会交往类教学模式，以社会互动理论为指导，强调学习群体构建、社会联系，以及人与人之间、人与机器之间的相互影响；④行为系统类模式，以行为主义心理学理论为指导。

表 5-3　典型的教学模式

类型	教学模式	创立者
信息加工	认知发展教学模式	皮亚杰（Jean Piaget）
	先行组织者教学模式	奥苏贝尔（David Pawl Ausubel）
	信息加工教学模式	加涅（Robert Mills Gagne）
	归纳教学模式	塔巴（Hilda Taba）
	范例教学模式	瓦根舍因（Martin Wagenschein）
	"主体-主导"教学模式	何克抗（He Ke kang）
个体发展	非指导性教学模式	罗杰斯（Carl Ransom Rogers）
	掌握学习教学模式	布卢姆（B. S. BLOOM）
	意识训练教学模式	坡尔斯（Fyitz Penis）
	创造工学教学模式	戈登（William Gordon）
	概念系统教学模式	汉特（David Hart）
社会交往	合作教学模式	约翰逊兄弟（David W. Johnson 和 Roger T. Johnson）
	探索发现式教学模式	布鲁纳（Jerome Seymour Bruner）
	社会调查教学模式	马塞拉斯和考克斯（B-Massialas 和 B. Cox）
行为系统	程序教学模式	斯金纳（Burrhus Frederic Skinner）
	最优化教学模式	巴班斯基 Юрий Констинович Бабанский

　　互联网教学模式源自互联网技术的发展和网络学习空间的构建，其基本特征也将体现互联网的思维与开放、连接、互动的特征。余胜泉和何克抗提出了基于互联网的讲授、个别辅导、协作、探究、讨论式五种典型教学模式。[①]董艳和黄荣怀认为，按照教学组织形式进行分类可分为个体、小组和集体，学习过程管理也是从被动到主动，在这两个维度的坐标中，相

---

① 余胜泉，何克抗. 基于 INTERNET 的教学模式[J]. 中国电化教育，1998（4）：58-61.

应的网络教学模式可以找到对应的位置，如图 5-5 所示。[①]

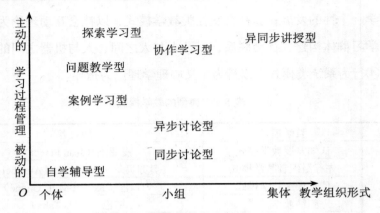

图 5-5　典型的网络教学模式

（二）智能技术支持下的创新教学模式

在智能时代，高校教学模式之所以要创新，是因为在智能技术支撑下，人才培养目标发生了变化，教学条件与环境也发生了变化，教师将转变角色，学生特征也发生了很大的变化。当前的学生群体被称为"数字一代""数字土著"，智能技术塑造了他们新的认知、态度、思维和行为习惯。科学技术日新月异，教学的本质在于培养学生的创新思维、设计思维、人机协同能力和实践能力，以适应变化的社会。[②]社会对教师也逐渐提出了更高、更新的要求，教师的角色也随之发生改变。

在智能技术支持下，高校教育教学超越时空边界，加强了学校、课堂、师生和社会、大众之间的联系，师生在课堂上传递和生成的信息和知识，很快就会在社会上产生响应，同样，社会上的新信息、新知识在网络和技术手段下也可以及时在课堂上呈现，形成新的知识。课堂与社会以及互联

① 董艳，黄荣怀. 浅析基于网络的远程教学模式[C]. 北京：全球华人计算机教育应用大会，2002.
② 顾明远. 中国教育路在何方：顾明远教育漫谈[M]. 北京：人民教育出版社，2020.

网上汇聚的教学、科研和文化资源更容易汇聚并实现常态化交互，并从教育专用资源向"大资源"体系转变。在开放互联和多场域协同的学习空间下，学生的学习不再局限于学校和课堂，还可开展社会化的学习，在科技场馆、图书馆和网络学习空间学习。学生的学习路径和行为习惯是个性化的，既有线性的或被设定的路径，又有从线下到线上、从线性到网状交叉的学习路径。这就需要教师转变教学观念、思维方式和教学习惯，主动求变，探索新型教学方式、创新教学模式。针对智能教育的特征，智能技术支持下的教学模式可以被定义为：以智能技术促进有效学习理论为指导，秉承智慧和互联的理念，在"人机物环"融合的智慧学习空间，充分利用适切的智能技术、系统、资源及服务支持，突破教学时空的壁垒、线上线下的障碍、学校内外和课堂内外多场域的边界，以学生为主体、以教师为主导，人机协同开展差异化弹性教学和个性化主动学习，实现任意时间、地点、方式和步调的有效投入和轻松学习。

从固定学期、学校、班级、课表的学习向人人、时时、处处的线上线下融合学习转变，智能技术支持下的新型教学模式创新体现在变革学习环境、教学方式、学习内容、学习方式等方面。从教学方式的视角，智能技术支持下的创新教学模式将呈现新的典型特征，一是人机协同的"双主双辅"教学模式，将充分体现人类智能和人工智能的各自优势，智能教育助理逐渐被广泛应用。二是弹性教学的可选择性展现出极大优势，将是未来重要的教学形态。三是新冠肺炎疫情防控期间，大规模在线教学有力地保障了"停课不停学"的顺利实施，后疫情时代，线上线下教学紧密融合的混合式教学模式逐渐形成趋势。四是讲授型教学在很长时期仍将是高校教学的主流形式，但智能技术将支撑构建更加智能化的教学环境，并优化教学过程。五是虚拟仿真实验教学将推进场景式、体验式和沉浸式学习。从学习方式的视角，主要体现为个性化主动学习、社群化互动学习、人机协同学习和泛在混合式学习等四个方面。

（三）人机协同的"双主双辅"教学模式

在建构主义学习理论指导下，逐步形成了与理论相适应的建构主义教学模式。何克抗构建了"主导—主体"教学模式（简称"双主"教学模式）。[①]在人工智能＋建构主义学习理论指导下，可以将"双主"教学模式丰富为人机协同的"双主双辅"教学模式。"双主"是指仍然以学生为主体、以教师为主导；"双辅"是指由智能学伴辅助学生学习、由智能助教辅助教师教学，从而实现人机协同、优势互补。智能体现在构建虚拟仿真学习情境上，利用智能技术能够主动精准推送资源，以及实现人机协同的提醒与引导，并基于教育大数据分析学习者特征和学习行为等。

基于大数据分析技术，智能教育助理帮助教师提取教学目标，从学生的学习过程中分析学生的学习习惯和学习特征，设计适合学生认知能力的学习任务与情境问题，精准确定教学起点；在发现式教学过程中，智能学伴在虚实融合的环境下创设接近真实情境的学习情境；智能技术及智能学伴能够主动精准推送学习资源，并优化资源结构和形态；同时，智能学伴也是一种认知工具，能够帮助和引导学生设计自主学习策略，并作为虚拟合作伙伴参与协作学习。在强化练习和学习效果评价方面，智能技术不仅能够实现智能评价，还可以提供学情分析报告。在传递—接受教学过程中，智能助教和人工智能课件可以协助教师备授课和分析学生的学习行为，支持学习过程评价等。

智能助教主要协同教师处理教学过程中的备授课、作业批改、答疑解惑、学习分析等工作，并为学生推荐资源和提供学习支持等。比如：经调

---

① 何克抗. 建构主义的教学模式、教学方法与教学设计[J]. 北京师范大学学报（社会科学版），1997（5）：74-81.

研发现，教学助手类工具软件提高了备课的效率和质量，增强了课堂互动氛围和效果，节省了作业批改和阅卷时间，可以更方便地获取教学资源，丰富和优化了教学模式等。

（四）弹性教学模式

弹性教学又被称为灵活性教学，是一种以学生为中心，为学生提供灵活、多样、可选择性的学习时间、地点、环境、内容、资源、方法、活动和支持服务等的教学模式。[①]在智能技术的支持下，弹性教学更具弹性。时空特征是教学模式的重要特征之一。对于弹性教学来说，教学时空创新的路径包括：一是在教学活动中更高效地利用教学时间，智能技术协助进行时间管理和任务分配，把更多的时间交给学生。二是激活教学空间，改变多学习场域割裂、封闭的情况，实现线上线下教学融合，打破教学空间的限制。三是以智能教育助理为中介，连接物理环境与虚拟空间。当人类进入人机协同、跨界融合、共创分享的智能时代，任意时间、地点和方式的学习成为可能。比较弹性要素的适配度，我们可以将弹性教学分为五大关键要素和五大辅助要素，[②]如表 5-4 所示。

表 5-4　弹性教学的十大要素

弹性要素		智能技术的促进作用
关键要素	可选的时间安排	根据学生的需求，学生可以选择适合其习惯的学习时间，甚至还可以定制自己想与他人互动或学习的时间，智能技术确保其在学习期间获取资源和异步学习支持
	灵活的学习地点	学生参与学习活动和获取学习材料的地点是可选择的，如课堂学习、校园学习、居家学习等，智能技术促进学习突破课堂和校园的边界

---

① 黄荣怀，汪燕，王欢欢，等．未来教育之教学新形态：弹性教学与主动学习[J]．现代远程教育研究，2020，32（3）：3-14.

② 刘德建．智能技术促进高校教育教学创新研究[M]．北京：科学出版社，2022.

弹性要素		智能技术的促进作用
关键要素	重构的学习内容	学生根据自己的需求、学习途径、课程定位等,通过内容模块化来确定内容的章节和顺序,智能技术促进教学内容精准分析、重组和推送
	多样的教学方法	在智能技术支持下,教师可以采用多样化的方法来组织学生学习,如有指导的讲座、自学、小组讨论、辩论、探究学习、教育游戏等,智能助教也可代替教师部分职能
	多维的学习评价	既可以采取灵活多样的评价方式,如汇报、小论文、团队项目和标准化测试等,又可以使用学习分析技术,如收集并分析学生在学习系统内的学习轨迹,以提供实时评估、诊断和干预
辅助要素	适切的学习资源	图书馆、来自网络的高质量学习资源也可被用于教学中,学生之间可以分享资源,学习资源的形式可以是播客,也可以是录制的讲座报告等,开放的教育资源也可支持弹性教学
	便利的学习空间	物理环境和虚拟空间融合,学生可以通过不同的智能技术(如增强现实技术)体验校园学习、网络学习或两者混合的学习
	合理的智能技术工具	合理的智能技术工具的应用,如可以建立便捷的学习管理系统或借助智能教育助理等助力学生学习、教师教学和学校管理,使教学及管理更加灵活
	有效的学习支持	智能技术提供教师在线教学支持服务和学生在线学习支持服务
	异质的学生伙伴	学生在认知能力、性别、性格等方面存在差异,与智能学伴组建异质学习小组,有助于学生之间的思想碰撞,并激发其创新思维,促进互助

疫情防控期间,弹性教学被广泛应用。例如,通过广播、电视台专门播放教育类节目,以及以电子教材、融媒体的方式传播数字教学内容;通过国家、区域和学校数字教育资源平台获取资源;通过录播和直播式课程,以及政府、学校和企业建设的慕课,开展在线教学。实践表明,弹性教学是一种有效的教学组织形式,在外界客观限制下,适应师生主客观需求,在教学组织(以大规模在线教学组织为主)中的各要素不拘泥于固有模式(从课堂学习转变为以居家学习为主),需要使用更加灵活的学习时空(以在线为主)、教学计划(不完全按照课表)、学习资源(以数字资源为主)、教学方法等,教学实施过程可以根据实际情况特别是网络条件灵活变通(如

直播或录播），从而完成教学任务并达到轻松、投入和有效学习的效果。[①]为此，需要做到以下几点：以真实问题为起点，学习任务明确；提醒、引导和鼓励到位，激发学生的学习兴趣或学习动力，强调自律性和主动性；学生可自主选择合适的学习方式，注重学习活动设计和学生体验；对学习任务和作业及时评阅和反馈指导，促进学生辩证思维的发展；明确学习任务的时间表和产出形式，提供成果提交的畅通渠道；等等。

（五）在线教学模式

从开放课件到慕课，再到在线教学的普及，在线教学模式被广泛应用。疫情防控期间，各类学习平台和工具得到广泛使用，教师开展了大规模在线教学，不到半年时间，103 万名高校教师开设了 1226 万门次在线课程，参与学生达 23 亿人次，有力地保障了"停课不停学"政策的顺利实施，各类基于新技术的教学创新不断涌现，成为推动课堂革命的重要契机。[②]教与学也将发生改变。后疫情时代，高校教育教学将充分利用智能机器和智能系统等，也将更加普及在线教学模式，并趋向线上线下教学融合，形成开放智联、灵活多样的智能化教学和学习体系，支持差异化的教和个性化的学。例如，2020 年底，教育部认定的 5118 门国家级一流本科课程中，2/3以上是线上课程、线上线下混合式课程、虚拟仿真实验教学课程。

在线教学实践表明，智能技术将促进流畅的通信平台、适切的学习资源、便利的学习工具、多样的学习方式、灵活的教学组织、有效的支持服务、密切的政企校协同等在线教学关键要素的实现，并更加智能化，如表5-5 所示。[③]对于在线教学模式来说，学界对如何选择直播教学或录播教学

---

① 黄荣怀，汪燕，王欢欢，等. 未来教育之教学新形态：弹性教学与主动学习[J]. 现代远程教育研究，2020，32(3)：3-14.

② 雷朝滋. 智能技术支撑教学改革与教育创新[J]. 中小学数字化教学，2021（1）：5-7.

③ 黄荣怀，张慕华，沈阳，等. 超大规模互联网教育组织的核心要素研究——在线教

讨论得较多。直播教学具有与课堂教学近似的"临场感"，但对网络质量、技术支持和学生参与度、自律性要求较高。录播教学则可以"解放"教师，使其把更多精力投入到教学组织、活动设计和学习支持服务上，且可避免网络故障。

表 5-5　在线教学的关键要素

关键要素	要素描述	智能技术的促进作用
流畅的通信平台	主要用来支持网络直播、在线点播、视频会议、资源浏览下载、社会交互等教学活动的开展	CERNET 及网络运营商提供的互联网通信平台，以及云计算、云存储等支持的教育云平台
适切的学习资源	优质的学习资源并不等同于有效的学习，学习资源的适切性要考虑内容、难度、结构、媒体、资源组织的适切	电子教材、电子书、人工智能课件、开放视频、慕课、专题学习网站、虚拟实验室、工具性资源等
便利的学习工具	学习工具是指有益于学习者查找、获取和处理信息，交流协作、建构知识、评价学习效果的中介	一类是专门设计和开发的用于支持人们学习的各种工具；另一类是并非为支持人们学习而设计和开发，但能够很好地满足人们某种学习需求的工具
多样的学习方式	在线教学的有效开展需要学生具备较高的自主学习能力，需要教师的适时引导和及时反馈	利用虚拟现实技术、增强现实技术，以及智能学习空间和学习体验中心等，推进场景式、体验式和沉浸式学习
灵活的教学组织	师生通过网络技术和各种媒体设备开展异地同步或异步教与学，教与学的过程被分割成紧密相连的各个阶段，共同促进教学目标的达成	不必局限于固定的时空，根据学习内容和目标、技术环境、学生特征等要素，灵活选择最适合的教学组织形式或对多种教学组织形式加以整合
有效的支持服务	包含学术性支持服务（即知识、认知和智力等方面的支持）和非学术性支持服务（即情感和社会性支持）	基于大数据技术分析师生对支持服务的需求，人机协同按需精准推送
密切的政企校协同	大规模在线教育是一项复杂的系统工程，需要政府、学校、企业、家庭、研究机构、社会等的协同参与	汇聚社会资源和工具，发挥互联网教育公共服务大平台和企业平台的协同作用

线上线下融合（Online-Merge-Offline，OMO）模式将成为在线教学的

育有效支撑"停课不停学"案例分析[J]. 电化教育研究，2020（3）：10-19.

重要发展趋势之一，为此，需要重新设计并建构学习环境、全面提升师生的信息素养、规划部署教育专网和系统、制定数字资源的准入机制、养成弹性教学和主动学习的习惯。

（六）混合式教学模式

对混合式教学有多种理解，如面授教学与在线教学结合、多种技术手段结合、SPOC 与慕课结合、传统课堂与翻转课堂结合等。从广义上可以理解为在线学习与面授教学的混合，从强调技术应用到强调技术整合，再到当前强调学习体验与教学的交互。在智能技术支持下，构建"以学生为中心"的线上线下融合的学习环境，扩展了虚实融合的学习空间，丰富了人人、人机交互方式。

混合式教学模式一般从学习环境与教学方式两个方面体现不同的混合方式。学习环境强调物理环境和虚拟空间的融合，从物理特性视角，分为线下主导型、线上主导型和完全融合型，与课堂面授教学、网络在线教学、移动学习等相对应。从教学特性视角，混合式教学模式分为讲授式、自主式、交互/协作式，并由此将混合式教学模式划分为九类，讲授式混合教学，教师主要采用以讲授式为主的教学法，目前仍然是课堂教学的主要方式之一；自主式混合教学，学生主要自定学习步调、自选学习方式，在虚实融合的学习环境中，体现自我计划、自我监控、自我评价，表现出不同程度的主动学习；交互/协作式混合教学，交互体现在线上线下的人际互动和人机交互活动。例如，翻转课堂优化教学结构与教学流程，体现出"线下主导型、交互/协作式"。慕课是在智能技术的支持下提升学习体验，逐渐转型扩展为混合式教学，大多采用线上主导型、讲授式的模式。

在智能技术的支持下，新型混合式教学模式将融合面授教学与在线教学的优势。混合式教学模式强调以学生为中心，改变"重教轻学""满堂灌"

等模式，借助数字平台、数字资源与教学工具促进课程教学。例如，华中师范大学基于云课堂的混合式教学模式，通过大数据分析学生的学习偏好，并反馈学习效果，教师灵活选择教学方式。学生可按照需求和偏好自主选择学习方式，实现差异化教和个性化学。

新型混合式教学模式通常以虚实融合的学习环境为基础，通过网络教学平台和教学工具，为在线学习的内容传递和资源共享提供支持，促进师生在线互动和人机交互，主要包括学习环境构建、课程设计、课堂教学、在线教学和教学评价等环节。课程设计是混合式教学成功的关键因素之一，分为前端分析、活动与资源设计和教学评价设计等环节。

对于混合式教学模式而言，课堂教学以集中讲授型教学为主，教学组织性强、教学效率高，由于时空限制和学生规模较大，强调"统一"，难以适应学生的个性化需求。在线教学分为同步教学或者异步教学，在智能技术支持下突破了时空局限，教学方法和学习方式灵活多样，教学资源丰富并更容易获取，学生可以自定步调、自定方式进行主动学习。在智能时代，在线教学不再仅仅是课堂教学的补充，而逐渐成为和课堂教学同样不可或缺的教学形式，课堂教学与在线教学将走向融合。

（七）讲授型教学模式

讲授法简单理解就是"教师讲、学生听"，通常与其他教学方法相互配合。讲授法不是万能的，但没有讲授法是万万不能的。[1]讲授型教学模式来自传统的课堂教学模式，在智能技术支持的虚实融合学习环境中，讲授型教学模式将得到改进，能够突破时空和班级规模的限制，主要分为异步式讲授和同步式讲授。同步式讲授模式的教学程序同传统的课堂教学类似，

---

① 丛立新. 讲授法的合理与合法[J]. 教育研究，2008（7）：64-72.

讲授可以在课堂或在线进行，课程教学资源以富媒体的方式呈现；异步式讲授通常借助互联网和数字资源实现，学生可以在线与教师、同学或智能学伴交流。

　　智能技术支持下的讲授型教学模式，在教学目标、教学活动、教学条件和教学评价等方面表现出新的特征。教学目标是在智能技术的支持下，通过教师讲授，传递知识、启迪思维。教学活动仍然以创设情境、复习、讲授、交互、练习、巩固和评价等为主，在智能技术、智能机器和智能系统支持下，各个环节得到优化。例如，虚拟现实技术可以模拟仿真情境。知识讲授类工作可以由教师完成，也可以由智能助教代替，教学交互不仅体现在师生、生生之间，还可能体现在人机之间；数据驱动的教学评价更精准和及时。讲授型教学要顺应智能技术的发展，智能技术要服务于教学的需要，教学条件优化体现在教育教学环境的智能化，并提供必要的教学工具和资源支持。对于效果评价而言，主要考察学习任务的完成情况和教学目标的达成情况，即知识与技能、过程与方法、情感态度与价值观等方面，信息素养是达成教学目标的支持性指标，学生的参与度和专注度也颇为重要。[1]

　　目前，讲授型教学模式主要以信息化、智能化教学方式进行，教学行为主要包括课堂导学、学习促进、活动组织、资源获取、内容展示和师生互动等。智能技术可以更多地承担内容呈现、人机互动、学习指导等可替代的程式性工作；教师则更多地专注于更具创新性和启发性的教学行为。

　　教师备授课助手 101 教育 PPT 的调查数据显示，教师使用教学工具更多地用于内容展示（56.22%），其次是师生互动（17.61%），而资源获取与学习促进较少。

---

[1] 于颖，周东岱，钟绍春. 从传统讲授式教学模式走向智慧型讲授式教学模式[J]. 中国电化教育，2016（12）：134-140.

（八）虚拟仿真实验教学模式

目前，虚拟仿真实验教学已经成为智能技术支持下的典型教学模式。虚拟现实技术具有的特征有助于创设虚实融合的教学情境，对于激发学生的学习动机、增强学习体验具有明显的优势。虚拟仿真环境设计，有助于学生获得在真实世界中无法获得的体验、操作真实环境中危险而不能触碰的设备。[①]虚拟现实技术适用于观察性、操作性、社会性和探究性学习。虚拟仿真实验教学依托虚拟现实技术、人机交互技术、富媒体技术以及虚拟实验环境、虚拟实验对象开展实验，如模拟性实验、探究性实验、实证性实验。

虚拟仿真实验教学打破传统课堂中"教师讲、学生听"的教学思维，赋予学生探索学习的机会，延伸实验教学的时空，同样也面临着一些挑战，如并非适用于所有类型的实验项目。因此，考虑"认知负荷"问题，构建沉浸性虚拟仿真学习环境、呈现富媒体学习材料要避免冗余和注意力分散问题；需要有效的学习监控工具和评估工具的支持，正确认识虚拟身份与真实身份的交互作用。

虚拟现实技术教育教学应用将促进场景式、体验式和沉浸式学习，交互性将助力提升知识建构水平，想象力助力增强学习兴趣和好奇心。虚拟实验教学课程主要从学生视角考察虚拟仿真实验教学系统和项目的环境拟真度、操控可信度和用户体验度。基于问题学习是虚拟仿真实验教学项目的基本线索，目标、任务、过程、产出和反思是其基本要素，建模工具和仿真算法有利于提升学生学习过程的科学性。在教学设计中，教师需要根据任务特征和学生水平提供不同的教学策略，兼顾"书本知识"和"真实

---

① 刘德建，刘晓琳，张琰，等. 虚拟现实技术教育应用的潜力、进展与挑战[J]. 开放教育研究，2016，22（4）：25-31.

学习"的诉求，促进学生获得更广泛和更深入的学习体验。

三、智能技术促进学生学习方式的创新

（一）技术视角的学习行为分析

建构主义学习理论强调，学习是学生主动地生成自己的经验、解释和假设的过程，在这个过程中关注内部生成、社会化学习和情境化学习庭，学生可以通过与他人或智能机器合作互动、参与学习共同体的实践活动来内化知识，掌握技能和学会使用工具，从而使学习发生。学习的目的是成为全面发展的人，能应对社会的不确定性和复杂性，并主动参与世界文明进程。智慧型人才要具备知识素养、能力素养、科学素养和信息素养，要掌握人工智能技术，学会适应人工智能应用趋势，提升人机协同能力，具备"三元"空间中认知发展、社会参与、融入自然、安全健康的数字化学习生存能力，具有学习能力、自控力和好奇心。学习内容将更加偏向多元、综合和智能，事实性知识学习的重要性相对降低，程序性知识的学习（怎么做）和元认知的学习（如何学习）将变得越来越重要，学习是一个零存整取、碎片重构的过程，需要在学中创新和在创新中学。未来教育将更加注重学习者的个性化学习与体验式学习，通过内在需求和外部压力来激发学习的主体性、主动性和自主性。学习方式凸显泛在学习环境下超越时空、场域、形式和途径限制的个性化学习，人机协同学习更加盛行。按照学生在学习中所使用到的技术，可以分为探究技术、沟通技术、建构技术、表达技术、管理技术和综合类技术。

调研显示，从学习技术视角看，学生在学习中体验较多的是表达技术（44.1%），其次是沟通技术（25.0%）和建构技术（23.2%）。

人机协同的学习是以学生为主体，立足于智能时代学生认知和学习行

为规律，以具身范式来促进知识建构，利用虚实融合的学习空间，满足学生的差异个性化学习需求。在学习过程中，学生以智能技术为媒介，目的是超越人工智能本身以获得更高水平的思维能力和实践能力。在人机协同的教与学过程中，需要培养师生的人机协同意识和能力。例如，让学生多接触和熟悉教育智能技术和智能产品，接纳和适应与智能助理、智能学伴一起学习。智能学伴不仅可以作为学生的学习助手或学习伙伴，而且也可能作为独立的学习者参与学生的学习活动。笔者调研发现，学习助手类工具软件有助于学生完成作业，学生从中可以及时得到答疑辅导，更方便地获取学习资源，从而提高了学习效率和成绩，使学习方式更灵活，如表 5-6 所示。

表 5-6 "你认为'学习助手'给你带来了哪些帮助？"的问答结果

选项	小计/份	占比/%
帮助完成作业	1073	58.73
及时得到答疑辅导	1254	68.64
更精准地分析学习情况	860	47.07
提高了学习效率和成绩	950	53.00
更方便地获取学习资源	1120	61.30
使学习更快乐	353	1932
学习方式更灵活	805	44.06
交流互动更多	323	17.68
养成了更好的学习习惯	343	18.77
其他	63	3.45

在人机协同的学习方式中，智能机器强大的数据加工能力和丰富的交互手段，能够模仿和增强人类的学习能力，学习组织由学生群体扩展到学生与智能机器的共同体，学习方式丰富为个性化主动学习、社群化互动学习、人机协同学习、泛在混合式学习，智能机器和系统特别是智能学伴在学习过程中，与学生合作，发挥各自不同的优势，共同促进学生成长。

（二）个性化主动学习方式

个性化主动学习是相对于统一步调、地点、路径和内容的学习而言的，在智能技术支撑的智慧学习环境中，学生自定步调、自选地点、自我规划学习路径，按需选择学习内容，并得到智能学伴的帮助，如学习路径引导、学习过程提醒、学习资源服务、学习评价诊断与反馈等，以高质量地完成学习任务，达到有效学习的目标。学生会积极地或体验式地参与学习过程，根据参与程度的差异，会表现出不同程度的主动学习。在学习过程中，智能技术的价值特征主要体现在精准性方面：①基于学生"画像"精准推送学习内容和资源。②数据驱动为学生提供精准的学习路径导航和学习支持服务，针对问题适时提供学习策略指导、提醒鼓励、答疑解惑和技术指导等。③智能学伴及时精准的评价反馈有助于激发学生的学习动机和学习兴趣。大数据技术可以感知、记录和分析学生的学习行为、过程和结果，适时的学习评价和学情分析有助于学生了解自我学习状态，并依据个性化学习评价报告，进行自我反思或者由智能学伴进行提醒和干预，以改进学习效果。个性化主动学习强调学生的主动性，智能学伴有利于增强其适应性。

（三）社群化互动学习方式

社群化互动学习是一个学生在虚实融合的智慧学习环境中，与学生同伴和智能学伴组建学习社群，进行协作交互的学习过程，智能技术提供及时高效的交互支持，从而实现学生之间、人机之间的高效交互，协同完成知识建构，达成有效学习的目标。按照"人工智能＋教学交互"理论，在社群化互动学习过程中，智能技术的价值特征主要体现在交互性方面。①支持教学交互的学习环境和学习工具。智能技术支撑构建交互式学习环境，如智慧课堂、虚拟现实体验中心等，其为师生交互、生生交互、人机交互提供多样化的交互空间。学习工具支持学生查找、获取和处理信息、交流协作和建构知识：一类是支持常态化学习的工具，另一类是支持特定学习需求的工具。②交互性学习支持服务。交互性学习支持服务体现在学习社群与环境的数据流动和信息反馈上，并可以据此调整学习活动进程和支持服务方式。③交互产生的生成性知识与学习资源。在交互过程中，通过讨论、交流甚至辩论，由个体隐性知识向集体显性知识过渡，促进学生个体知识建构和群体知识网络的联结与共享，并产生生成性知识和学习资源。

（四）人机协同学习方式

智能技术在教育领域的应用促使人机协同的学习共同体的形成。在"人工智能＋协作学习"理论指导下，人机协同学习强调学生与智能机器之间的合作，智能学伴以学习助手和小组成员的角色参与协作学习各环节，辅助学生分析问题、识别情境、获取资源、评价和反思等，同时，基于学习行为、过程和结果数据分析，智能学伴能够深化学生之间、人机之间的关联，促使其调节和改进协作学习行为、进程和效果。在协作学习过程中，智能技术的价值特征主要体现在提供生成性学习内容、学习支持服务和学习资源上。智能学伴作为拟人化的学习助手和学习伙伴，同时也是学习内容和学习资源的载体，在合作过程中根据学生的学习状态和学习进程，按需调整和更新学习内容，并搜索、获取和适时推荐学习资源；智能学伴扮演小组成员的角色参与学习活动，提供的学习支持服务具有生成性；人机协作学习是一个动态交互的过程，将由此积累和生成大量过程性记录信息和数据，并将逐渐转化为生成性学习资源。

（五）泛在混合式学习方式

与弹性教学对应的是多元学习，与混合式教学对应的是混合式学习，学习方式的多元化体现出混合式学习的趋势。混合式学习是在适当的时间，通过应用适当的学习技术向适当的学习者传授适当的能力，从而使其取得最优化的学习效果的学习方式，这样做可以把传统学习方式的优势和人机协同学习的优势结合起来。广义上的泛在学习指任何人在任何地方、任何时间、使用任何可用设备，以任何可能的方式获取所需的任何信息和学习支持的学习方式。混合式学习强调各学习要素的多元化和深度融合，以实现最"适当"的选择；而泛在学习强调"任何"，体现无处不在、无处不有。而实际上无论是"适当"还是"任何"，在智能技术支持下，都为选择"适当"的方式提供了"任何"可能性，因此，泛在混合式学习可以理解为由多个人机协同的学习共同体构成的无处不在的社群学习网络，师生开展多元化学习，以达到最优化的学习效果。在学习过程中，智能技术的价值特征主要体现在其联结性方面：①所有参与者形成开放和动态的知识网络，学生按需联结适切的学习内容和资源。②学习支持服务来自智能机器、其他学生和教师。③学生与学生之间、学生与教师之间、学生与智能助理和智能学伴之间、智能助理和智能学伴之间联结形成人际、人机交流网络，构建虚实融合的学习空间，有利于激发学生的学习兴趣和学习积极性，提升学习体验。

四、智能技术促进高校教育管理方式的创新

对于高校而言，科学决策、管理和监测的流程优化是重点，数据驱动的治理技术是重要手段。利用智能技术构建的智能化的集教学、管理和服务于一体的平台和工具，能够动态监测高校教育教学发展情况，洞察教育现象的深层逻辑，预测教育教学发展走向，系统化解决教育教学管理难题。例如，智能排课系统帮助学生合理制定课程规划，智能图书馆管理系统实

现图书借阅服务的智能化，智能传感和控制技术有利于加强对教学环境和教学设备的管理，教育大数据为学生和教师建立电子档案袋，招生系统帮助学校优化生源招募流程。

智能化校园系统平台实现业务系统之间的业务融合及信息共享，提供一站式服务。教育部科学技术与信息化司相关数据显示，超过 98%的高校使用学校门户网站集成各类业务系统，90%以上高校的安全监控系统覆盖教学楼、校门和办公区。目前，业务应用系统之间的数据共享和互联互通是很多学校遇到的问题，典型问题是教学平台和管理平台之间形成"孤岛"或者存在重复建设的现象。越来越多的高校开始建立教育大数据中心，支持校务数据和教学数据的互联互通和可视化分析，辅助科学决策，基于云计算平台构建高校智能教育综合平台，能够实现多端协同和线上线下融合。

五、智能技术促进高校教育教学环境的创新

人机协同的人才培养模式对学习环境创新提出了新的诉求。对数字一代学生来说，他们希望学习环境能够随时随地接入网络，能够连接并方便地获取所需要的信息、数据和资源，支持移动学习或课堂外、校外学习，可以在社会性网络中分享观点和进行交流，支持体验式、场景式、沉浸式和游戏化的学习方式。在智能技术的支持下，智能助理和智能学伴融入学习环境中，虚拟现实技术增强了学生的沉浸式学习体验，智能技术将逐渐模糊课堂教学与学生自主学习之间的界限，为学生创设线上线下相融合的学习环境，支持学生在任何地点、任何时间，以其所期望的任何方式进行有效学习。

智慧学习环境是学习环境的高端形态，是智慧社会背景下学生对构建

新的学习环境的诉求，也是人机协同的教学方式和学习方式的支撑条件。在智慧学习环境中，教师利用智能技术识别学生特征和学习行为、展示和推送学习资源、提供便利的学习工具、自动记录学习过程和评测学习成果，智慧学习环境主要由学习资源、智能工具、学习社群、教学社群、学习方式和教学方式等要素构成并相互关联、相互作用。智慧学习环境的设计、开发需要明确学习环境的设计目的，即能够促进学生核心素养的提升，从个人建构主义转向社会建构主义是其发展趋势。

场域是特定人群有规律地开展生活、学习和工作等社会活动所处的空间环境，包括各种条件、环境和人群之间的相互关系，强调人人、人技、人机的相互作用。根据活动范围，以学校为中心的五个核心场域（学校、家庭、社区、公共场所、工作场所），以及延伸出的四个拓展场域（教室、学区、场馆、农村），成为构建智慧学习环境的基础。

高校教育教学创新需要把新一代学习环境与社会经济的发展、教与学的发展、技术的发展等相结合，将学习环境放在教育系统变革中进行智能化设计，智能技术在学习环境中的应用将向转型甚至重塑阶段发展。线上线下融合的人机协同教学具有五个关键要素：重构学习空间、提升信息素养、通用设备和网络、适切的资源和工具、弹性教学与主动学习。根据相关研究报告的研究结论，新一代学习环境以学习为中心，基于智能技术形成动态的、相互关联的、不断发展的生态系统，该生态系统中包括教师、学生、学习内容和学习工具等，且具有互操作性、集成性、个性化特征。

智慧教室是智能化校园的主要教学场所，是在传统教室基础上进行改造升级或直接新建的，智慧性体现在内容呈现、资源获取、人机交互、情境感知和学习分析等方面。大部分教师已经适应了在智慧教室环境中进行教学，他们在利用智慧教室环境过程中提高教学效果，但由此对利用电子设备进行教学产生了依赖。从多媒体教室到智慧教室，其核心是硬件、平台和资源的更加智能化，这能够增强师生和人机互动。智能教学硬件包括桌椅、讲台、教具、屏幕、灯光、多媒体终端、教育机器人等，其设计要以人为本，全面感知；平台要能够支持教师备授课、教学互动、评测、学习分析和活动组织等；资源能基于知识图谱实现个性化精准推送，能支持学生个性化主动学习、社群化互动学习、人机协作学习、泛在混合式学习等。除智能化课堂教学环境外，还需要以学生为中心，推进智能实验室、智能活动室、智能图书馆、智能体验中心和展示中心等的建设与应用，普及智能教育装备。

智能化生活没施是智能校园的重要组成部分。学生在学校不仅要好好学习，还要健康和快乐生活。学校信息化建设往往容易忽略课堂教学环境之外的生活环境的信息化和智能化，智能技术与学习、生活设施全面融合，有利于全面增强师生的校园生活体验，使学校成为师生愉快生活、快乐学习的乐园。

六、教育机器人在高校教育教学中的应用

调查发现，有85%的学生和90%的教师希望拥有教育机器人，并归纳出17种教育机器人可扮演的角色，如学习伙伴、教师、助教等，绝大部分需求集中在学生日常生活和学习中的陪伴与协助，并体现在短期、中期和长期需求上，如表5-7所示。机器人技术是现代科技创新的重要标志，在教育领域也表现出了巨大的潜能。智能技术在教育教学中的应用，可以是智能系统，也可以是智能机器。教育机器人主要帮助学习者学习与智能技术相关的知识，或者在其支持下开展人机协同教学和学习活动，具有与物理环境、信息环境或用户进行交互的能力，具有环境适应性、情境感知性、

技术开放性、功能可扩展性的特点，涵盖青少年机器人教育、教育行业中的服务机器人。人机协同中的"机"包括但不限于教育机器人。教育机器人已成为国内外研究机构重要的研究领域。人机交互主要是研究人和机器人之间的数据、信息交互或人机对话。多模态自然交互极大地丰富了人机交互的内容。机器视觉技术利用机器代替人眼进行测量和判断。教育机器人需要满足不同群体的教育需求，适应多元的教学环境，在复杂教育环境中完成非结构化的教学任务，实现特定的教学目标，对情境感知技术提出了更高的要求。

表 5-7 各类用户群体的教育机器人需求

用户群体	短期需求	中期需求	长期需求
幼儿	游戏玩伴、常识教育	自然对话、知识问答	机器人教师、情绪与心理引导、幼儿照护
中小学生	生活助手、学习助手、语言教育、机器人教育、环境与媒体管理、学习时间规划	学习资源辅助、日常陪伴、游戏玩伴、学习助手、学习时间规划	学习助手、情绪与心理引导、学科知识教学
大学生	生活助手、移动学习助手、语言教育、环境与媒体管理、机器人教育	学习助手、日常陪伴、学生状态识别	学科知识教学、智能导学
教师	日常辅助提醒、教学过程辅助、环境与媒体管理、教学环境营造、日常教学事务性工作辅助	教学资源辅助、辅助教师答疑、批改作业、学生状态识别	机器人助教、情绪与心理引导、教学过程辅助、教学准备辅助
家长	生活 M 手、环境与媒体管理、健康助理	习惯养成辅助、个人工作生活助手、学科知识辅导	学生健康个性引导、情绪与心理引导、自主学习辅助
老人	生活助手、健康养生辅导、保健运动教练	安全辅导、生活助手、老人陪伴	健康辅助与应急助手

教育机器人是实体化的智能教育助理，可扮演学习伙伴、助教、监护人、虚拟校长等角色，有利于融入以学校和家庭为主的典型场域。

教育机器人将增强或延伸师生的知识加工、表达、沟通和人机协作的能力。教育机器人的社会化应用主要是为了满足学生的社交、认知学习、情感交流等方面的需求。语言教育应用主要涉及英语教学、手语教学、语言交流障碍的解决以及第二语言学习等方面；学科教育应用涉及专业课程的学习。机器人教育将激发广大学生应用智能技术和教育产品进行辅助学习的兴趣和动力。教育机器人是智慧学习环境的重要构成部分。在教室中，教育机器人服务于教师和学生。人机协同的教学，除了提升智能机器人常备的智能外，教育机器人还需要提升使其更能胜任教育教学服务的智能。

参 考 文 献

[1] Eliot C, Woolf B P. An adaptive student-centered curriculum for an intelligent training system[J]. User Modeling and User-Adapted Interaction, 1995, 5（1）: 67-86.

[2] Jonassen D H. Objectivism versus constructivism: do we need a new philosophical paradigm?[J]. Educational Technology Research&Development, 1991, 39（3）: 5-14.

[3] Siemens G. Connectivism: A learning theory for the digital age [J]. International Journal of Instructional Technology&Distance Learning, 2005, 2（1）: 3-10.

[4] Vblkmar F. Encyclopedia of Autism Spectrum Disorders[M]. NewYork: Springer, 2018.

[5] 安德鲁·梅尔佐夫, 艾莉森·高普尼克, 帕特里夏·库尔. 孩子如何学习[M]. 林文韵, 杨田田, 译. 杭州: 浙江科学技术出版社, 2023.

[6] 贲可荣, 张彦铎. 人工智能（第 3 版）[M]. 北京: 清华大学出版社, 2018.

[7] 柴如瑾. 人工智能时代, 教育什么样? [N/OL]. 北京: 光明日报, 2020 [2023-06-12]. https://baijiahao.baidu.com/s?id=1686114298846009078& wfr=spider&for=pc.

[8] 陈丽. "互联网＋教育": 知识观和本体论的创新发展[J]. 在线学习, 2020 （11）: 44-46.

[9] 陈丽. 远程学习的教学交互模型和教学交互层次塔[J]. 中国远程教育, 2004（5）：24-28.

[10] 陈琦, 刘儒德. 当代教育心理学[M]. 北京：北京师范大学出版社, 2007.

[11] 程志, 陈晓辉. "合法的边缘性参与"视角下的移动学习设计策略[J]. 中国电化教育, 2011（8）：39-43.

[12] 丛立新. 讲授法的合理与合法[J]. 教育研究, 2008（7）：64-72.

[13] 董雅华. 思想政治教育哲学问题研究[M]. 上海：复旦大学出版社, 2019.

[14] 董艳, 黄荣怀. 浅析基于网络的远程教学模式[C]. 北京：全球华人计算机教育应用大会, 2002.

[15] 杜占元. 人工智能与未来教育变革[J]. 中国国情国力, 2018,（1）：6-8.

[16] 范文翔, 赵瑞斌. 具身认知的知识观、学习观与教学观[J]. 电化教育研究, 2020（7）：21-27, 34.

[17] 冯锐, 孙佳晶, 孙发勤. 人工智能在教育应用中的伦理风险与理性抉择[J]. 远程教育杂志, 2020, 38（03）：47-54.

[18] 顾明远. 教育大辞典[M]. 上海：上海教育出版社, 1998.

[19] 顾明远. 中国教育路在何方：顾明远教育漫谈[M]. 北京：人民教育出版社, 2020.

[20] 韩挺. 通过设计思维建立驱动社会创新和资源的系统[J]. 设计, 2019,（18）：34-39.

[21] 何克抗. 大力倡导与推行"中国特色信息化教学创新理论"[J]. 中国教育科学, 2020, 3（1）：45-54.

[22] 何克抗. 关于中国特色教育技术的自主创新[J]. 现代远距离教育, 2011（1）：12-20.

[23] 何克抗. 建构主义的教学模式、教学方法与教学设计[J]. 北京师范大

学学报（社会科学版），1997（5）：74-81.

[24] 何克抗. 建构主义——革新传统教学的理论基础（上）[J]. 电化教育研究，1997（3）：3-9.

[25] 何克抗. 也论"新知识观"——到底是否存在"软知识"与"硬知识"[J]. 中国教育科学，2018，1（2）：36-44，137.

[26] 何克抗. 中国特色创新型教育信息化理论与实践[M]. 北京：人民教育出版社，2019.

[27] 何克抗. 中国特色教育技术理论的建构与发展[M]. 北京：北京师范大学出版社，2012.

[28] 黄荣怀，陈庚，张进宝，等. 关于技术促进学习的五定律[J]. 开放教育研究，2010，16（1）：11-19.

[29] 黄荣怀，刘德建，刘晓琳，等. 互联网促进教育变革的基本格局[J]. 中国电化教育，2017（1）：7-9，12-13，16.

[30] 黄荣怀，刘黄玲子. 协作学习的系统观[J]. 现代教育技术，2001（1）：30-34，41.

[31] 黄荣怀，汪燕，王欢欢，等. 未来教育之教学新形态：弹性教学与主动学习[J]. 现代远程教育研究，2020，32(3)：3-14.

[32] 黄荣怀，张慕华，沈阳，等. 超大规模互联网教育组织的核心要素研究——在线教育有效支撑"停课不停学"案例分析[J]. 电化教育研究，2020（3）：10-19.

[33] 黄荣怀. 计算机支持的协作学习：理论与方法[M]. 北京：人民教育出版社，2003.

[34] 霍力岩. 论教育特征的变化——从工业社会到信息社会[J]. 教育科学研究，2000（5）：3-8.

[35] 加德纳. 智能的结构[M]. 沈致隆，译. 北京：中国人民大学出版社，

2008.

[36] 卡尔·马克思. 1844 年经济学哲学手稿[M]. 刘丕坤，译. 北京：人民出版社，2015.

[37] 卡尔·马克思. 哥达纲领批判[M]. 何思敬，徐冰，译. 北京：中央编译出版社，2022.

[38] 卡尔·雅思贝尔斯. 什么是教育[M]. 陈巍，卡尔·克拉茨，译. 上海：上海人民出版社，2022.

[39] 劳凯声. 智能时代的大学知识生产[J]. 首都师范大学学报（社会科学版），2019（2）：1-6.

[40] 雷朝滋. 智能技术支撑教学改革与教育创新[J]. 中小学数字化教学，2021（1）：5-7.

[41] 李秉德. "教学设计"与教学论[J]. 电化教育研究，2000（10）：11-13.

[42] 李宪勇，徐学福. 试论教学观的历史嬗变[J]. 大学教育科学，2009（3）：82-85.

[43] 联合国教科文组织总部. 教育——财富蕴藏其中[M]. 联合国教科文组织总部中文科，译. 北京：教育科学出版社，2001.

[44] 刘德建，杜静，姜男，等. 人工智能融入学校教育的发展趋势[J]. 开放教育研究，2018，24（4）：33-42.

[45] 刘德建，刘晓琳，张琰，等. 虚拟现实技术教育应用的潜力、进展与挑战[J]. 开放教育研究，2016，22（4）：25-31.

[46] 刘德建. 智能技术促进高校教育教学创新研究[M]. 北京：科学出版社，2022.

[47] 刘建，李帛芊. 人工智能助力学校治理现代化：价值、内容与策略[J]. 中国教育学刊，2021（4）：12-16.

[48] 刘儒德，建构主义：知识观、学习观、教学观[J]. 人民教育，2005（17）：

9-11.

[49] 鲁子箫. 智能时代的教学知识观——从知识立场到生命立场[J]. 当代教育科学，2020（12）：24-29.

[50] 马尔库塞. 单向度的人：发达工业社会意识形态研究[M]. 刘继，译. 上海：上海译文出版社，2008.

[51] 迈克尔·波兰尼. 个人知识：朝向后批判哲学[M]. 徐陶，许泽民，译. 上海：上海人民出版社，2021.

[52] 孟传慧. 智能技术引发的职业替代风险与职业教育应对策略[J]. 成人教育，2019，39（03）：59-63.

[53] 孟建伟. 从知识教育到文化教育——论教育观的转变[J]. 教育研究，2007（1）：14-19.

[54] 尼尔·波兹曼. 娱乐至死[M]. 章艳，译，南宁：广西师范大学出版社，2011：4.

[55] 南国农. 信息技术教育与创新人才培养[J]. 电化教育研究，2001（8）：42-45.

[56] 倪娟. 教育风险：整体安全视域下的教育研究新视角[J]. 上海教育科研，2019（05）：23-28.

[57] 钱颖一. 人工智能将使中国教育优势荡然无存[J]. 商业观察，2017（8）：88-90.

[58] 任剑锋. 计算机支持的协作学习：策略与工具[M]. 北京：首都师范大学出版社，2014.

[59] 孙伟平. 人工智能与人的"新异化"[EB/OL]. 北京：人民资讯，2021[2023-06-12]. https://baijiahao.baidu.com/s?id=16890917579010657216&wfr=spider&for=pc.

[60] 谭维智，人工智能教育应用的算法风险[J]. 开放教育研究，2019（12）：

20-30.

[61] 田宏杰，龚奥．智能教育时代高校教师教学能力体系研究[J]．苏州大学学报（教育科学版），2020（4）：73-82.

[62] 王永固，许家奇，丁继红．教育 4.0 全球框架：未来学校教育与模式转变：世界经济论坛《未来学校：为四次工业革命定义新的教育模式》之报告解读[J]．远程教育杂志，2020，38（3）：3-14.

[63] 王运武，张尧，彭梓涵，等．教育人工智能：让未来的教育真正拥有"智慧"[J]．中国医学教育技术，2018（2）：117-125.

[64] 王志军，陈丽．联通主义学习理论及其最新进展[J]．开放教育研究，2014，20（5）：11-28.

[65] 王竹立．论智能时代的人—机合作式学习[J].电化教育研究，2019(9)：18-25，33.

[66] 王竹立．面向智能时代的知识观与学习观新论[J].远程教育杂志，2017（3）：3-10.

[67] 王竹立．新知识观：重塑面向智能时代的教与学[J]．华东师范大学学报（教育科学版），2019（5）：38-55.

[68] 荀子．荀子[M]．徐艳华，译．北京：北京联合出版公司，2015.

[69] 习近平．思政课是落实立德树人根本任务的关键课程[J]．求是，新华社：2020（17）.

[70] 习近平．决胜全面建成小康社会 夺取新时代中国特色社会主义伟大胜利[N]．人民日报，2017-10-27.

[71] 邢西深．迈向智能教育的基础教育信息化发展新思路[J]．电化教育研究，2020，41（7）：108-113.

[71] 徐碧波．信息加工理论与加涅的学习观[J]．外国教育动态，1988（1）：19-23.

[73] 薛庆水，李凤英. 人工智能教育应用的安全风险与应对之策[J]. 远程教育杂志，2018，36（04）：88-94.

[74] 伊利奇. 去学校化社会[M]. 吴康宁，译. 北京：中国轻工业出版社，2017.

[75] 杨浩，徐娟，郑旭东. 信息时代的数字公民教育[J]. 中国电化教育. 2016（1）：9-16.

[76] 杨现民，赵鑫硕，陈世超. "互联网＋"时代数字教育资源的建设与发展[J]. 中国电化教育，2017（10）：51-59.

[77] 叶圣陶. 叶圣陶教育名篇[M]. 北京：教育科学出版社，2013.

[78] 于颖，周东岱，钟绍春. 从传统讲授式教学模式走向智慧型讲授式教学模式[J]. 中国电化教育，2016（12）：134-140.

[79] 余胜泉，何克抗. 基于 INTERNET 的教学模式[J]. 中国电化教育，1998（4）：58-61.

[80] 余胜泉，王阿习. "互联网＋教育"的变革路径[J]. 中国电化教育，2016（10）：1-9.

[81] 余胜泉，王琦. "AI＋教师"的协作路径发展分析[J]. 电化教育研究，2019，（4）：14-22，29.

[82] 袁栋. 甘肃省农村教育风险管理服务体系建设[D]. 兰州大学，2014.

[83] 张育勤. 教育风险的类型及其防范[J]. 教育评论，2000（03）：12-14.

[84] 赵国权. 中国教育史[M]. 郑州：河南大学出版社，2014.

[85] 赵建华. 知识建构的原理与方法[J]. 电化教育研究，2007（5）：9-15，29.

[86] 赵燕，宛平，尹以晴，等. AI 时代人工智能商数（AIQ）的内涵、能力框架与提升之策——基于高校"人工智能＋教育"的认知调查分析[J]. 远程教育杂志，2020（4）：48-55.

[87] 郑珊，周海银. 不确定视域下的教育风险及其应对[J]. 教学与管理，2021（33）：12-15.

[88] 郑太年. 知识观 学习观 教学观——建构主义教育思想的三个层面 [J]. 全球教育展望，2006，35（5）：32-36.

[89] 中国社会科学院语言研究所词典编辑室. 现代汉语词典（第 7 版）[M]. 北京：商务图书馆：2016.

[90] 钟秉林. 人才培养模式改革是高等学校内涵建设的核心[J]. 高等教育研究，2013（11）：71-76.

[91] 祝智庭，王佑镁，顾小清. 协同学习：面向知识时代的学习技术系统框架[J]. 中国电化教育，2006（4）：5-9.

[92] 祝智庭，魏非. 教育信息化2.0：智能教育启程，智慧教育领航[J]. 电化教育研究，2018（9）：5-16.